바둑을 배우는 어린이들에게

어린이들의 창의·인성 교육을 위한 정통 바둑 교과서가 만들어져 무척 기쁩니다.

바둑은 알면 알수록 새롭고, 더 많은 것을 발견할 수 있는 신비한 세계예요.

바둑을 두면 두뇌가 발달하고, '사고력'이 좋아지며,

'창의력'과 '집중력', '문제 해결력' 등을 기를 수 있답니다.

그뿐만 아니라 대국을 하면서 자연스레 상대방을 존중하고

배려하는 마음도 배울 수 있어 인성 교육에도 탁월하지요.

그리고 마음껏 수를 상상하며, 자유롭고 창조적인 생각을 펼칠 수 있어요.

한국기원이 기획한 "초등 창의·인성 바둑 교과서"는 바둑의 원리를 체계적으로 담았고,

어린이들의 인성을 함양할 수 있는 다양한 활동과 재밌는 스토리텔링,

바둑 상식까지도 세심하게 정리해 완성도를 높였습니다.

바둑 교육의 효율성을 높이기 위한 저자의 고민과 정성이 느껴지는 이 책을 통해,

어린이 여러분이 보다 쉽고 재미있게 바둑을 배우고

바둑이 주는 즐거움과 지혜를 알게 되길 바랍니다.

– 세계 바둑 랭킹 1위 신진서 9단, 세계 여자 바둑 랭킹 1위 최정 9단 –

초등 창의 인성 바둑 교과서

2

이 책의 구성과 특징

만화로 배우는 바둑을 통해 이번 차시에서 배울 내용을 쉽고 흥미롭게 접할 수 있습니다.

▲ 그림과 한 줄 문장을 통해 이번 차시에서 배울 핵심 내용을 알 수 있습니다.

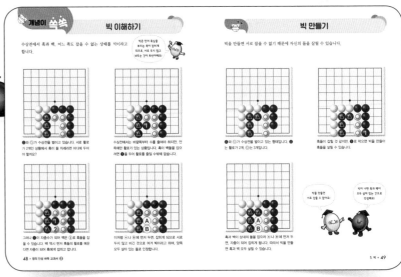

▶ 자세한 설명과 용어 풀이, 캐릭터를 통해 바둑의 개념을 쉽게 이해할 수 있습니다.

다양한 예시를 보며 개념을 정확하게 이해하고, 기초를 다질 수 있습니다.

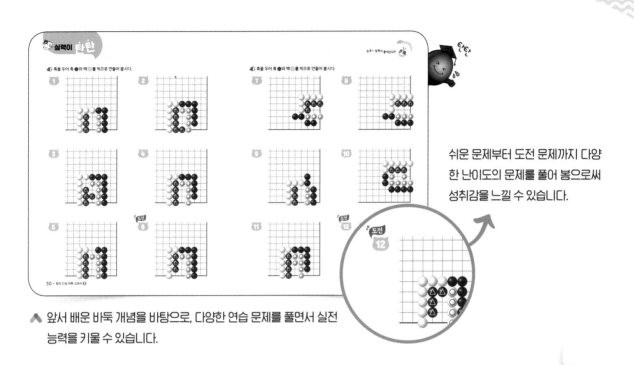

🔺 앞서 배운 바둑 개념을 바탕으로, 다양한 연습 문제를 풀면서 실전 능력을 키울 수 있습니다.

쉬운 문제부터 도전 문제까지 다양한 난이도의 문제를 풀어 봄으로써 성취감을 느낄 수 있습니다.

🔺 '마음이 쏙쏙'을 통해 바둑을 배우며 예의, 배려, 존중 등의 인성을 기를 수 있습니다.

🔺 '이야기로 배우는 바둑 상식'을 통해 옛날부터 오늘날까지 바둑과 관련된 재미있는 이야기를 볼 수 있습니다.

이 책의 차례

1 좋은 모양과 나쁜 모양

이 단원을 배우면!

- 바둑에서 좋은 모양과 나쁜 모양을 이해할 수 있어요.
- 바둑을 둘 때 효율적인 수를 생각할 수 있어요.
- 인성 바둑을 두며 상대방을 배려하는 자세를 기를 수 있어요.

오늘 배울 내용을 생각해 보며, 그림을 살펴봅시다.

그렇게 뭉쳐 있으면
안 좋을 걸!

효율성이 좋아야 한다!

만화로 배우는 바둑

한돌아, 돌을 왜 똘똘
뭉쳐서 두는 거야?

뭉치면 살고,
흩어지면 죽는다!

내 돌끼리 똘똘 뭉쳐서
어떤 공격에도 끄떡없는 튼튼한
모양을 만들고 있다고.

그건 튼튼한
모양이 아니라 아주
나쁜 모양이야.

어째서?

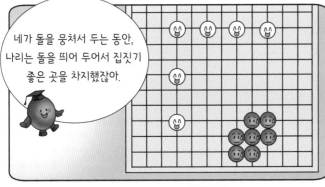

네가 돌을 뭉쳐서 두는 동안,
나리는 돌을 띄어 두어서 집짓기
좋은 곳을 차지했잖아.

아, 그런가?

나는 바둑돌을 효율적으로
잘 두었다는 거지?

맞아! 바둑돌이 포도송이같이
뭉쳐 있으면 효율성이 떨어져서 좋지 않아.
바둑은 효율성 게임이니까.

이상하다….
포도는 꿀맛인데
안 좋은 것이라니!

좋은 모양과 나쁜 모양

바둑에서 좋은 모양은 튼튼한 모양, 그리고 효율적인 모양입니다. 나쁜 모양은 돌이 뭉쳐 있는 모양, 그리고 집짓기가 비효율적인 모양입니다.

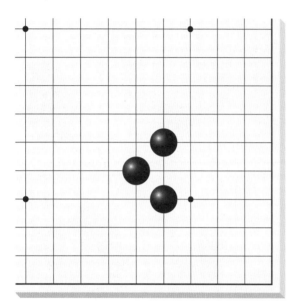

호구 모양은 튼튼하여 끊어지지 않는 효율적인 형태로 바둑에서 대표적인 좋은 모양입니다.

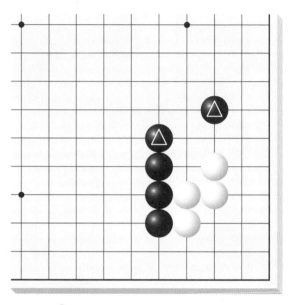

두 개의 ▲는 떨어져 있지만 잘 끊어지지 않고 효율적인 좋은 모양입니다. 이런 형태를 '날일(日)자' 모양이라고 부릅니다.

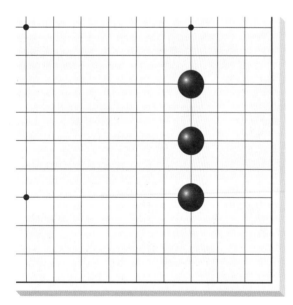

돌을 한 칸씩 띄워 놓은 모양은 집짓기 좋은 모양입니다. 돌이 붙어 있는 것보다 이렇게 조금씩 떨어져 있는 모양이 효율적입니다.

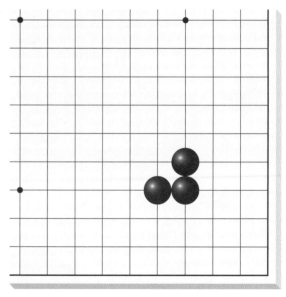

가운데 한 곳이 비어 있는 삼각형 모양을 '빈삼각'이라고 합니다. 빈삼각은 활동성이 부족해서 효율성이 떨어지는 대표적인 나쁜 모양입니다.

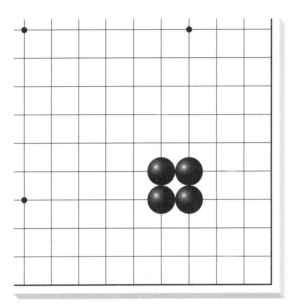

돌이 네모 형태인 모양도 나쁜 모양입니다. 이 모양은 '멍텅구리 4궁*'이라고 불릴 정도로 돌이 뭉쳐져 있어 비효율적입니다.

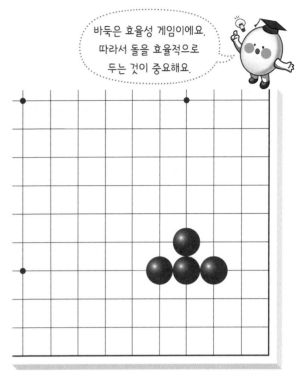

빈삼각이 양쪽으로 있는 모양으로 '삿갓 4궁'이라고 부릅니다. 이 모양은 돌이 중복된 형태로 나쁜 모양입니다.

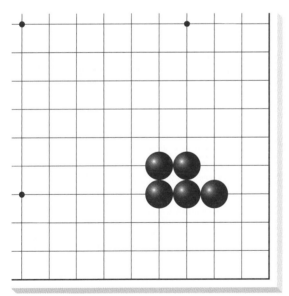

'자동차 5궁' 역시 돌이 뭉쳐져 있어 효율성이 떨어지는 나쁜 모양입니다.

＊ 궁 '궁도(宮圖)'를 뜻하는 말로, 돌이 에워싸고 있는 공간의 집의 수, 또는 그 모양새를 말함.

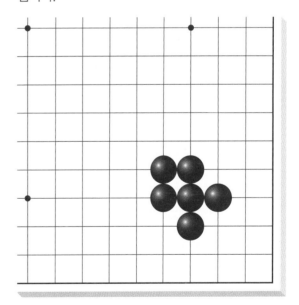

돌의 모양이 매화꽃 형태와 같아 '매화 6궁'이라고 부릅니다. 매화꽃 모양도 돌이 매우 비효율적으로 뭉쳐 있는 나쁜 모양입니다.

🐟 흑돌과 백돌 중 좋은 모양에 ✓표를 해 봅시다.

1

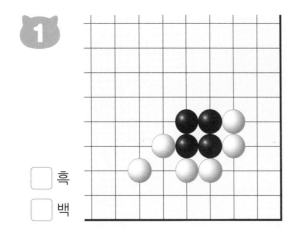

흑
백

2

흑
백

3

흑
백

4

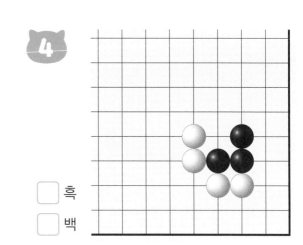

흑
백

5

흑
백

6

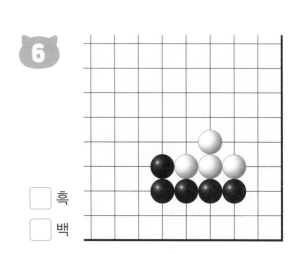

흑
백

🐟 흑돌과 백돌 중 좋은 모양에 ✔표를 해 봅시다.

7

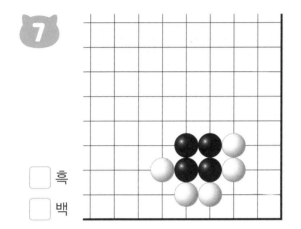

☐ 흑
☐ 백

8

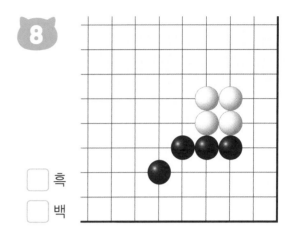

☐ 흑
☐ 백

9

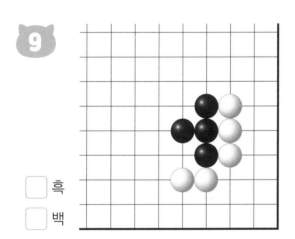

☐ 흑
☐ 백

10

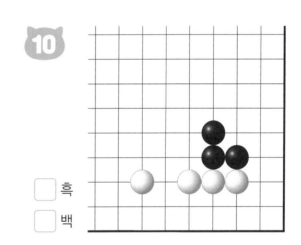

☐ 흑
☐ 백

11

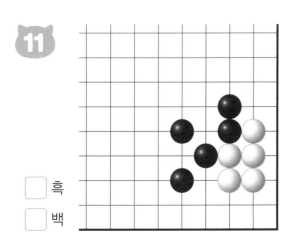

☐ 흑
☐ 백

12

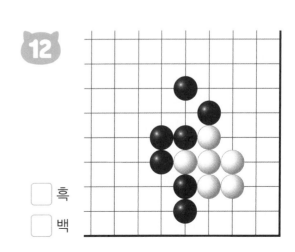

☐ 흑
☐ 백

🐟 흑돌과 백돌 중 나쁜 모양에 ✔표를 해 봅시다.

13

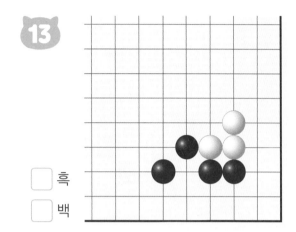

☐ 흑
☐ 백

14

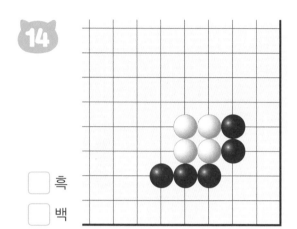

☐ 흑
☐ 백

15

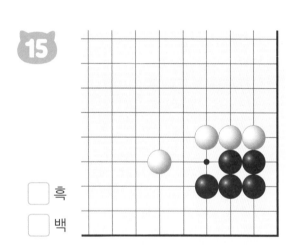

☐ 흑
☐ 백

16

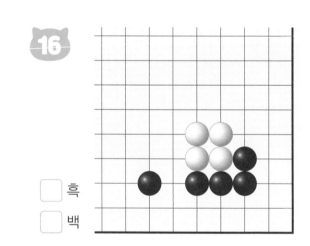

☐ 흑
☐ 백

17

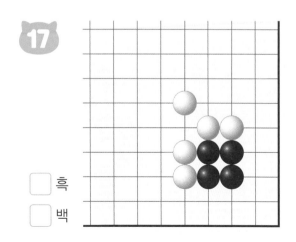

☐ 흑
☐ 백

18

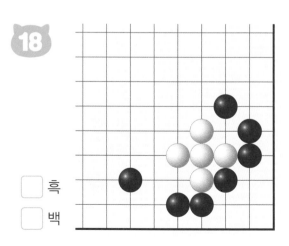

☐ 흑
☐ 백

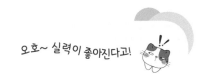
🎣 흑돌과 백돌 중 나쁜 모양에 ✔표를 해 봅시다.

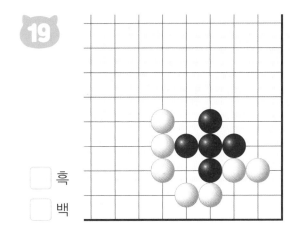

19

☐ 흑
☐ 백

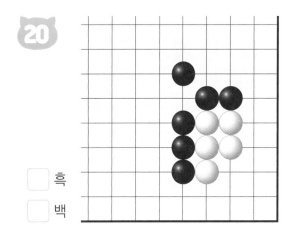

20

☐ 흑
☐ 백

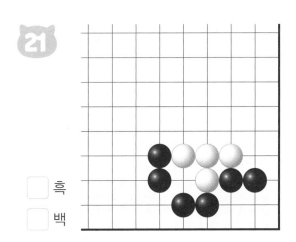

21

☐ 흑
☐ 백

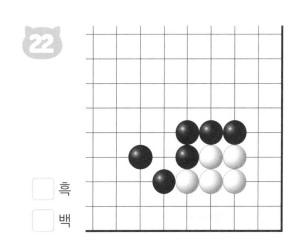

22

☐ 흑
☐ 백

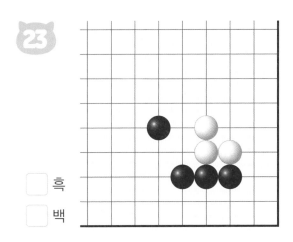

23

☐ 흑
☐ 백

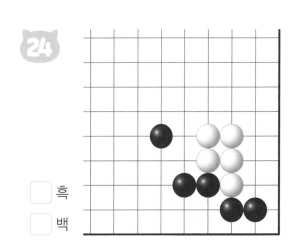

24

☐ 흑
☐ 백

🐟 바둑부 친구들의 모습을 보고, 다음 질문에 답해 봅시다.

💌 친구를 배려했거나 친구에게 배려받았던 경험을 써 봅시다.

접바둑에 담긴 배려의 정신

접바둑이란 실력 차이가 나는 사람과 대국할 때 그 차이만큼 약한 사람이 돌을 미리 깔아 놓고 두는 바둑입니다. 이것은 대국이 기울지 않도록 약한 사람을 배려하고 양보하는 방식으로 공정과 배려의 정신이 담겨 있습니다. 접바둑을 둘 때는 실력 차이만큼 바둑판의 화점에 돌을 깔고, 백이 먼저 시작합니다. 돌을 놓는 요령은 흑을 기준으로 다음과 같습니다.

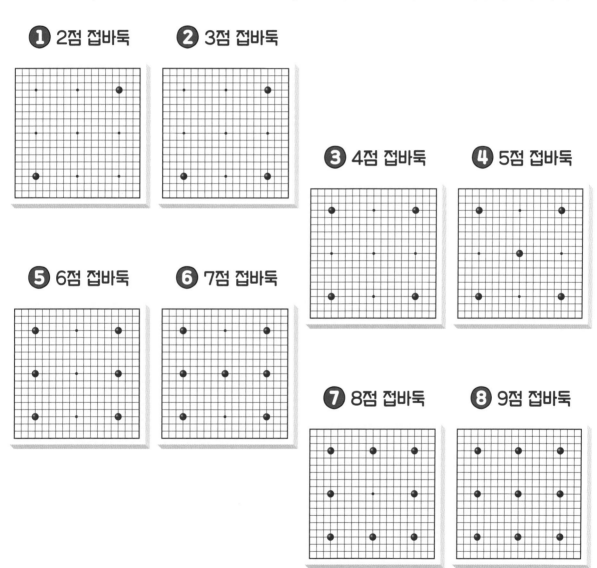

❶ 2점 접바둑　　**❷** 3점 접바둑

❸ 4점 접바둑　　**❹** 5점 접바둑

❺ 6점 접바둑　　**❻** 7점 접바둑

❼ 8점 접바둑　　**❽** 9점 접바둑

2 수상전

🐱 먼저 둔 사람이 임자!

 이 단원을 배우면!

- 활로 싸움인 수상전을 이해할 수 있어요.
- 수상전에서 상대의 활로를 메우는 방향에 주의할 수 있어요.

🐾 **인성** 바둑을 둘 때 기본예절을 지킬 수 있어요.

🐱 오늘 배울 내용을 생각해 보며, 그림을 살펴봅시다.

만화로 배우는 바둑

얘들아, 과일 먹으면서 두렴!

우아! 딸기다!

와-아-

와-아-

엄청 달다!

맛있다!

냠냠

냠냠

내가 먹을 차례니 양보하시지!

무슨 소리? 내가 먹을 차례였거든!

찌릿

응?

하하. 마치 바둑에서 수상전이 벌어진 상황 같네.

수상전?

하하

내 돌과 상대의 돌이 서로 끊어져 있을 때 누가 먼저 잡을지 벌이는 싸움을 수상전이라고 해.

아, 그럼 활로가 더 많은 사람이 이기는 거지?

맞아. 이 경우엔 흑과 백 모두 활로기 2개이니 먼저 두는 쪽이 이기는 거지.

누가 둘 차례지?

근데 왜 안 두는 거야?

음... 딸기 먹다가 누가 둘 차례인지 잊어버렸어!

뭐라고? 하하하!

하하

하하

수상전

手	相	戰
손 수	서로 상	싸울 전

수상전이란, 흑과 백이 서로 끊어진 형태에서 상대방 돌의 활로를 메워 먼저 잡는 쪽이 이기는 수 싸움입니다.

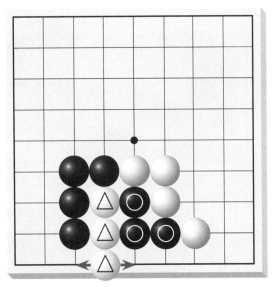

이 그림에서 △의 활로는 2개입니다.

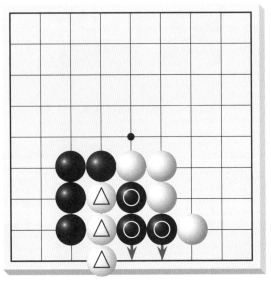

◉의 활로도 2개입니다. 그렇다면 어느 쪽이 먼저 잡게 될까요?

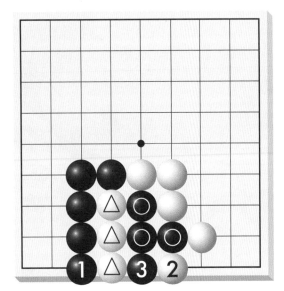

만약 흑이 먼저 ❶에 두어 백돌의 활로를 줄이면 백이 ②로 단수 쳐도 흑이 ❸으로 따내어 백돌을 잡을 수 있습니다.

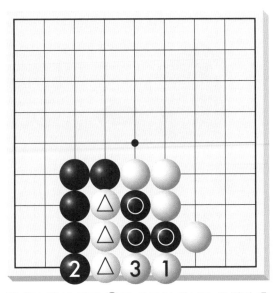

반대로 백이 먼저 ①로 흑돌의 활로를 줄이면 흑이 ❷로 단수 칠 때 백이 ③으로 따내서 흑돌을 잡을 수 있습니다.

수상전 요령

수상전이 벌어졌을 때, 내 돌과 상대방 돌의 활로 개수가 비슷할 경우에는 상대의 활로를 먼저 줄여 나가야 합니다. 이때 내 돌이 먼저 단수되지 않도록 하는 것이 중요합니다.

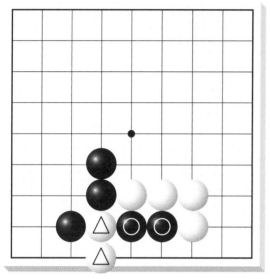

△와 ◎가 수상전을 벌이고 있습니다. 백돌과 흑돌의 활로는 각각 2개입니다. 흑이 둘 차례일 때, 흑은 백돌의 활로를 어떻게 줄여 가야 할까요?

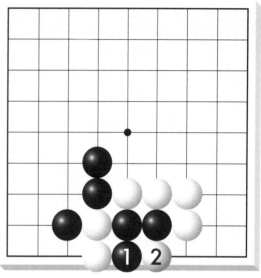

❶처럼 수를 줄이면 ②로 먼저 잡힙니다. 이렇게 수상전을 벌이고 있는 돌 안쪽부터 두어 가면 자충수*가 되어 자신의 수를 스스로 줄이게 됩니다.

자충수*란 스스로 자신의 활로를 메우는 나쁜 수를 말해요.

따라서 수상전에서 상대의 활로를 줄일 때에는 내 돌이 자충되지 않도록 바깥쪽부터 수를 줄여야 해요!

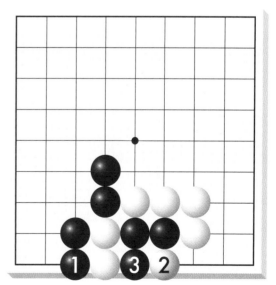

❶처럼 바깥쪽에서 수를 줄이면 백돌은 단수가 되지만, 흑돌은 활로가 2개입니다. ②로 단수를 몰아도 흑은 ❸으로 백 두 점을 따낼 수 있습니다.

흑 ▲와 백 △의 활로를 각각 세어 봅시다.

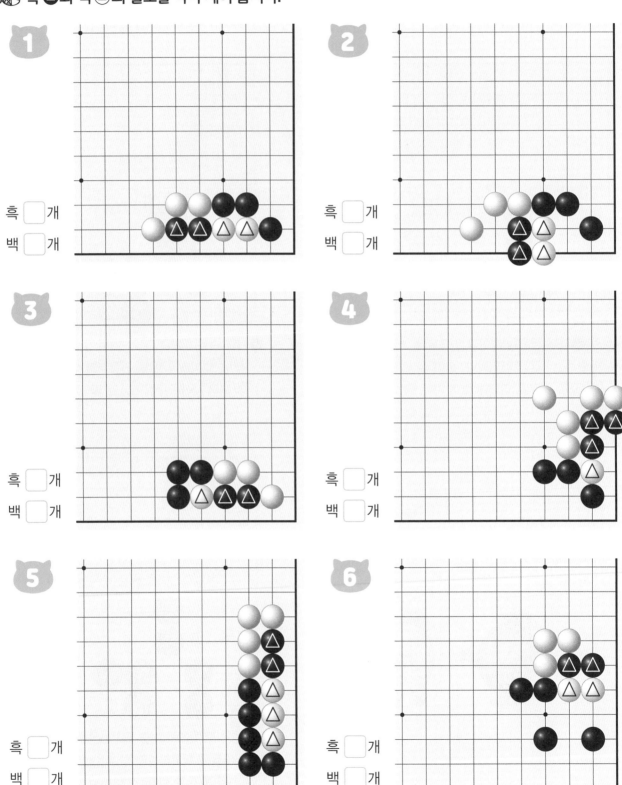

1
흑 ⬚ 개
백 ⬚ 개

2
흑 ⬚ 개
백 ⬚ 개

3
흑 ⬚ 개
백 ⬚ 개

4
흑 ⬚ 개
백 ⬚ 개

5
흑 ⬚ 개
백 ⬚ 개

6
흑 ⬚ 개
백 ⬚ 개

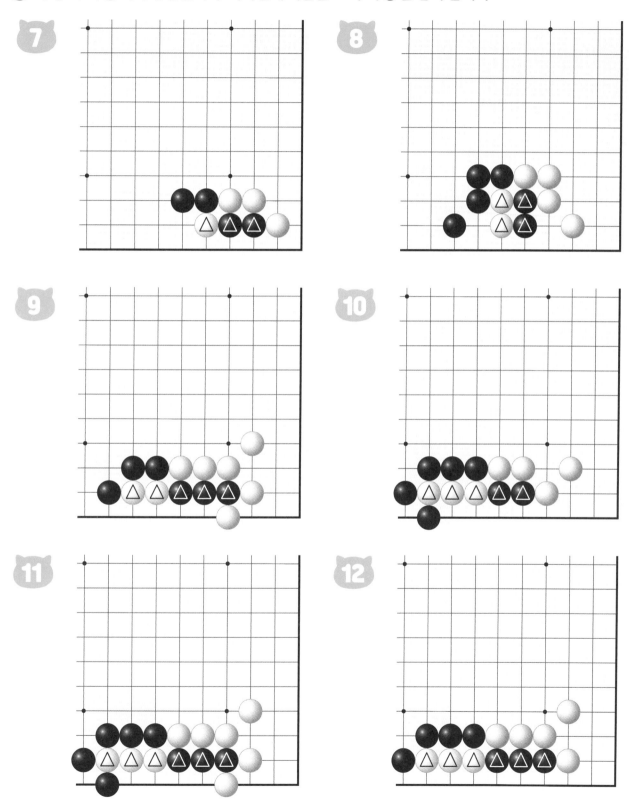

흑 ●와 백 △의 수상전입니다. 바둑판에 흑돌을 그려 백 △를 잡아 봅시다.

🐟 흑 ▲와 백 △의 수상전입니다. 바둑판에 흑돌을 그려 백 △를 잡아 봅시다.

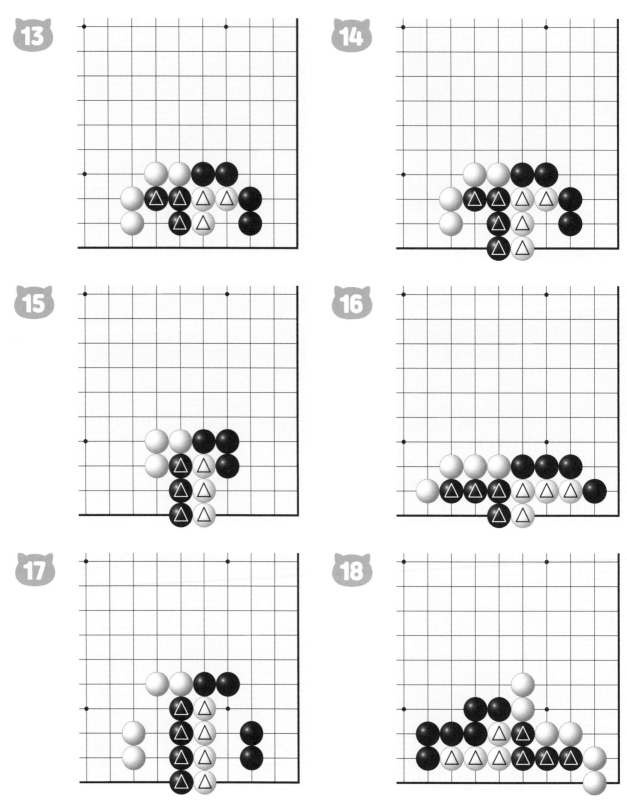

흑이 둘 차례입니다. 자충되지 않도록 바깥쪽부터 백 △의 활로를 줄여 백돌을 잡아 봅시다.

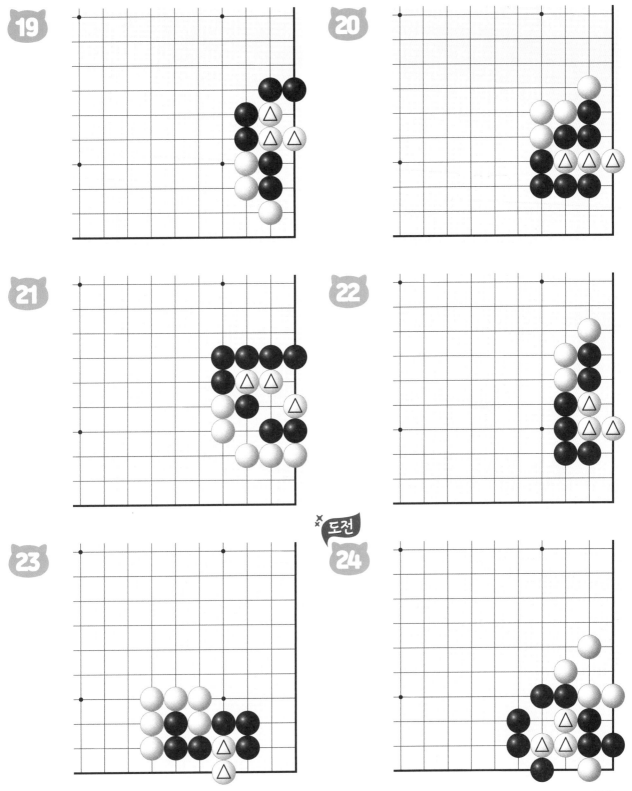

마음이 쑥쑥

길을 따라가며 바둑 예절을 알아보고, 나의 실천 태도를 생각해 봅시다.

바둑 예절을 실천하는 모습 중 내가 잘하는 점과 더욱 노력해야 할 점을 써 봅시다.

제한 시간과 초읽기

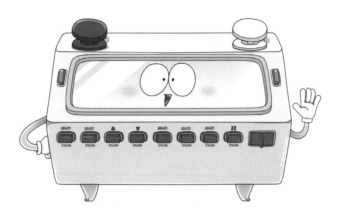

바둑을 둘 때, 너무 오래 생각하면 경기 시간이 길어져 대국자 모두가 지치고 힘들겠죠? 그래서 바둑에는 제한 시간과 초읽기라는 제도가 있습니다.

제한 시간이란, 대국을 할 때 대국자가 생각할 수 있는 시간을 정해 놓은 것입니다. 각자 정해진 제한 시간을 다 쓰고 나면 초읽기에 들어갑니다. 초읽기란 규정된 제한 시간을 다 썼지만 바둑이 끝나지 않았을 경우, 몇 초 안에 무조건 한 수씩 두도록 강제하는 규칙입니다.

만약 제한 시간 30분, 40초 초읽기 3개로 정해졌다면, 30분을 다 쓴 후에는 40초 안에 한 수씩 두어야 합니다. 어려운 상황에서 수를 읽느라 40초를 넘겼다면, 두 번의 40초 기회가 남고, 또 한 번 40초를 넘겼다면 마지막 40초 초읽기에 몰립니다. 마지막 초읽기에 몰리면 반드시 40초 안에 한 수씩 두어야 하고, 1초라도 초과하면 시간패가 됩니다.

보통 아마추어 시합에서는 대국자가 직접 초시계를 누릅니다. 깜빡하고 시계를 누르지 않아도 본인의 부주의이므로 스스로 책임져야 합니다. 프로 기사들의 공식 대회에서는 계시원이 시계를 누르고 10초가 남았을 때부터 초읽기를 불러 주는데, 기사들은 시간을 최대한 활용하기 위해 계시원이 "아홉"할 때 재빨리 착수하기도 합니다.

초읽기에 몰리면 대국자는 수읽기를 할 시간이 부족하기 때문에 실수가 나오기도 합니다. 그러므로 쉬운 곳에서는 빨리 두고, 어려운 곳에서 충분히 생각하면서 제한 시간을 적절히 사용하는 것이 중요합니다. 여러분도 초읽기를 경험해 본다면, 눈앞이 캄캄해지는 아찔한 기분을 느끼게 될 것입니다.

3 사활

이 단원을 배우면!

- 상대에게 포위를 당해도 떨어진 두 집을 만들어 돌을 살릴 수 있어요.
- 상대의 돌이 떨어진 두 집을 만들지 못하게 방해할 수 있어요.

인성 바둑을 두며 상대를 존중하는 자세를 기를 수 있어요.

 오늘 배울 내용을 생각해 보며, 그림을 살펴봅시다.

여기 들어오면 어떡하지?

걱정 마!
여긴 못 들어올 거야!

포위되여도 살 수 있는 방법이 있다!

사활

사활은 바둑에서 가장 중요한 개념입니다. 지금까지 돌을 잡고 살리는 방법을 배웠지만 사활은 덩치가 더 큰 돌인 '대마(大馬)'의 삶과 죽음을 뜻합니다.

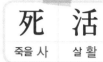

死　活
죽을 사　살 활

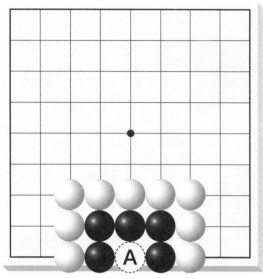

한 집을 가진 흑돌이 백에게 모두 둘러싸이면 단수가 됩니다. 흑은 Ⓐ의 자리가 착수 금지이고, 백은 Ⓐ에 두면 흑돌을 따낼 수 있습니다.

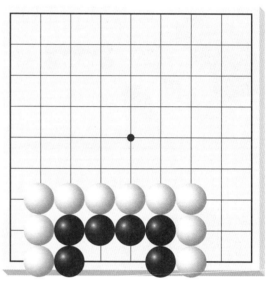

붙어 있는 두 집을 가진 흑돌이 백에게 포위를 당하면 살 수 있을까요?

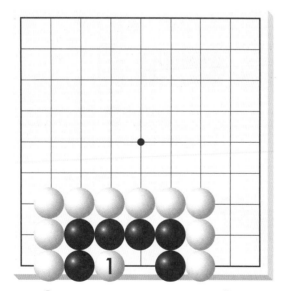

백이 ①을 두면 흑돌은 단수가 됩니다. ①과 같이 자신의 돌을 일부러 희생해서 상대방에게 먹잇감이 되어 주는 수를 **먹여치기**라고 합니다.

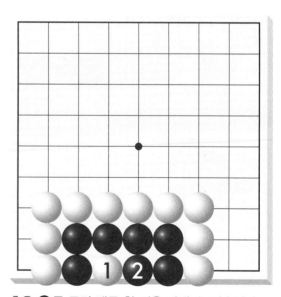

흑은 ❷를 두면 백돌 한 점을 따낼 수 있습니다.

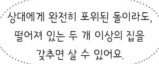
상대에게 완전히 포위된 돌이라도,
떨어져 있는 두 개 이상의 집을
갖추면 살 수 있어요.

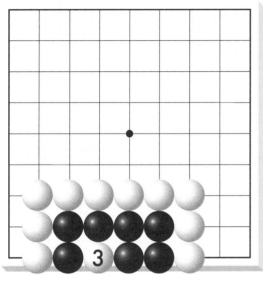

그럼 백은 다시 ③을 두어 흑돌 전부를 따내게 됩니다. 붙어 있는 두 집을 갖고 있는 흑돌도 결국 잡혔습니다.

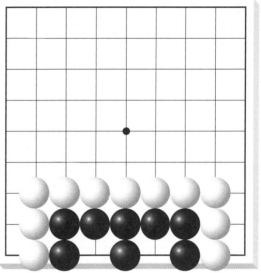

붙어 있지 않은 형태로 두 집을 가진 흑돌입니다. 떨어져 있는 두 집을 가진 흑돌이 백에게 포위되면 살 수 있을까요?

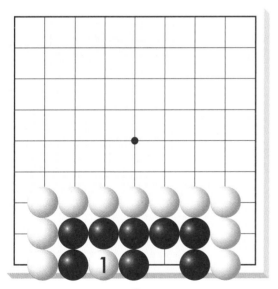

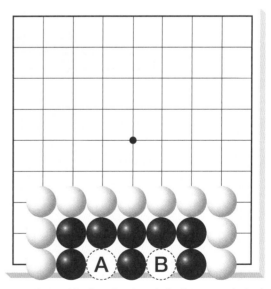

백이 단수를 치기 위해 ①을 두는 순간 착수 금지가 되어 반칙패를 당합니다. 백은 흑돌을 잡으려면 단수로 몰아야 하는데, Ⓐ와 Ⓑ 모두 착수 금지로 둘 수 없습니다. 단수를 칠 수 없다면 돌을 따낼 수 없습니다. 이처럼 떨어져 있는 두 집 이상을 갖고 있는 돌은 상대에게 완전히 포위를 당하더라도 절대로 잡히지 않습니다.

🐟 흑으로 떨어진 두 집을 만들어 흑 ▲를 살려 봅시다.

1

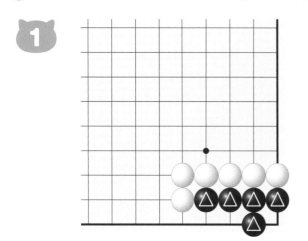

2

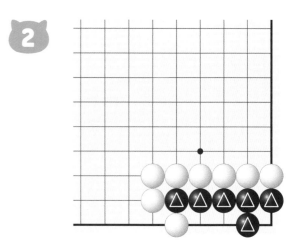

3

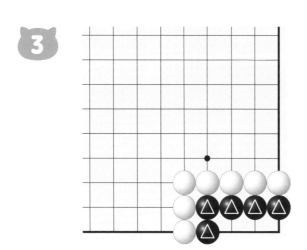

4

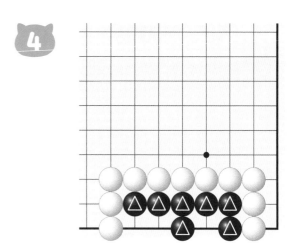

5

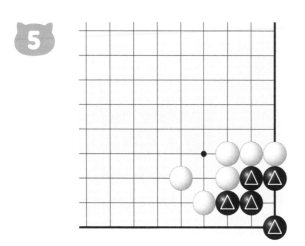

6

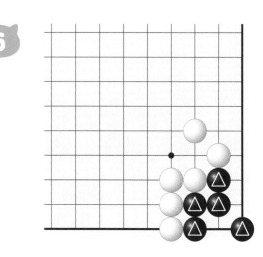

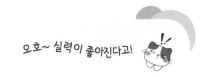
🐟 흑으로 떨어진 두 집을 만들어 흑 ▲를 살려 봅시다.

7

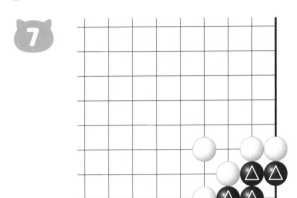

8

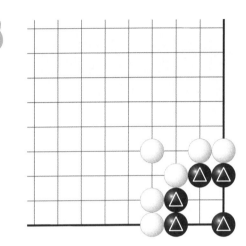

9

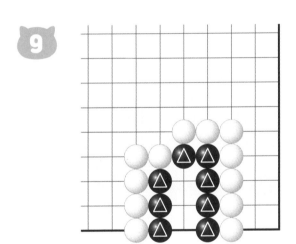

10

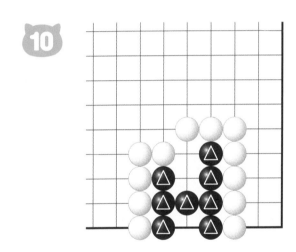

11

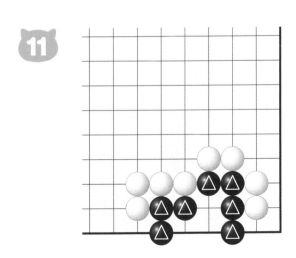

12

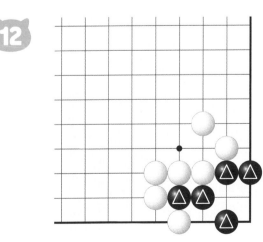

🐟 흑으로 백△를 잡아 봅시다.

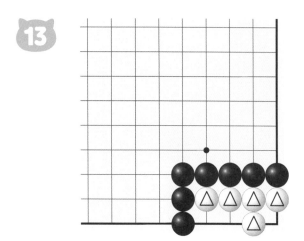

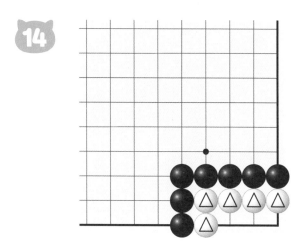

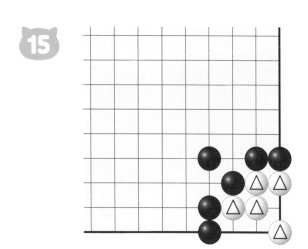

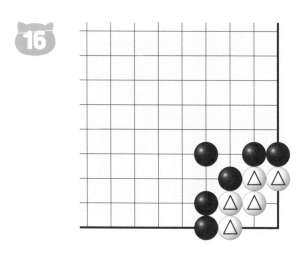

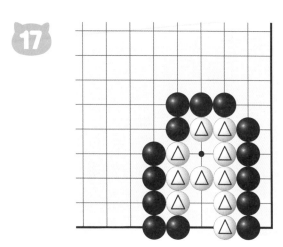

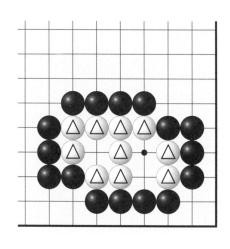

 흑으로 백돌을 잡아 봅시다.

19
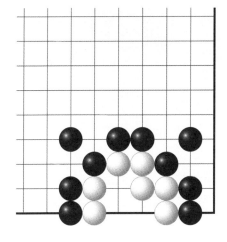

20
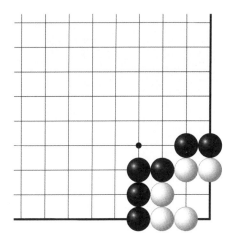

21
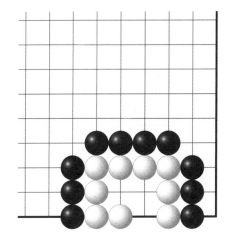

22
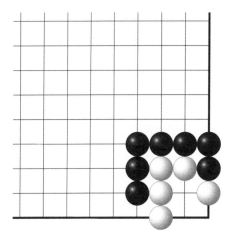

23
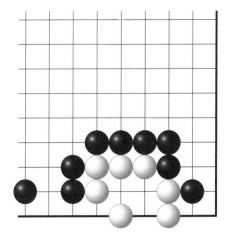

24
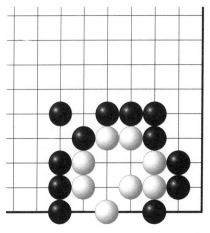

마음이 쑥쑥

🐟 서천령의 이야기를 보고, 다음 질문에 답해 봅시다.

* **국수** 나라에서 바둑을 가장 잘 두는 사람.

💙 다른 사람을 존중하려면 어떤 태도를 지녀야 할지 써 봅시다.

바둑판을 소중히 대하는 마음

바둑판 위에 물건을 올려 두지 말라는 말이 있습니다. 예로부터 바둑을 아끼던 사람들은 바둑판에 영혼이 깃들어 있다고 믿는 사람도 있을 만큼 바둑판을 신성한 존재로 여겼습니다. 따라서 바둑판 위에는 오직 바둑돌만 올려놓으며 소중하고 경건하게 대한 것입니다.

요즘에는 바둑판을 신성한 존재로 여기는 사람은 거의 없지만 바둑을 아끼는 사람들은 바둑판을 여전히 소중하게 다룹니다. 바둑판을 소중히 여기는 만큼 바둑을 좋아하는 마음이 있기 때문일까요? 주변에서 바둑판을 소중히 다루는 사람일수록 바둑 실력이 더욱 좋아지는 것을 종종 볼 수 있습니다. 바둑판을 아끼는 모습과 바둑 실력은 크게 상관이 없을 것 같지만 바둑을 좋아하는 사람은 그 마음만큼 바둑판을 아끼고 열심히 배우기 때문에 실력도 늘 수 있습니다. 우리도 바둑을 좋아하고 그만큼 바둑판을 소중히 다룬다면 더욱 실력이 늘지 않을까요?

옥집

이 단원을
배우면!

- 진짜 집과 가짜 집을 구별할 수 있어요.
- 상대방의 집을 옥집으로 만들 수 있어요.

 바둑을 두며 공정한 자세를 기를 수 있어요.

오늘 배울 내용을 생각해 보며, 그림을 살펴봅시다.

💡 사라지는 집은 소용없다.

만화로 배우는 바둑

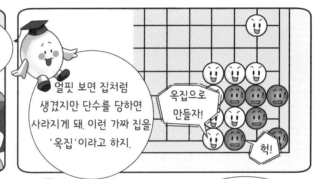

옥집

옥집이란, 집처럼 생겼지만 언젠가는 상대에게 단수를 당해 사라지게 되는 가짜 집입니다. 옥집을 알아보고, 진짜 집과 가짜 집을 구별해 봅시다.

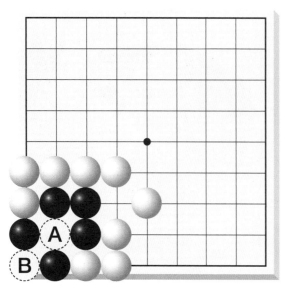

그림의 흑돌은 얼핏 보면 Ⓐ와 Ⓑ의 두 집을 갖고 있어 살아 있는 것처럼 보입니다. 하지만 잘 들여다보면 Ⓐ는 온전한 집이 아닙니다.

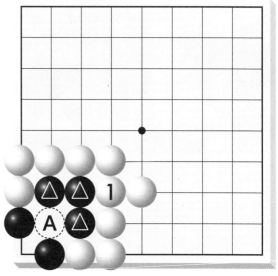

백이 ①을 두면 ▲가 단수를 당하기 때문입니다. 흑은 Ⓐ로 이어야 하는데, 그럼 집 모양이 사라집니다. 이런 집을 **옥집**이라고 합니다.

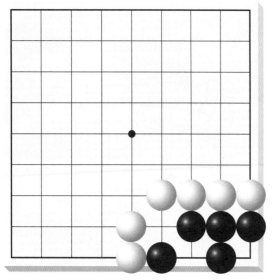

이 그림의 흑돌은 살 수 있을까요? 얼핏 보면 떨어진 두 집을 갖고 있는 것처럼 보입니다.

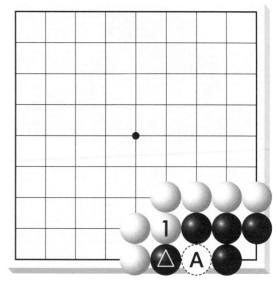

하지만 백이 ①을 두면 ▲가 단수를 당해 흑은 Ⓐ로 이어야 하므로 Ⓐ는 옥집입니다. 그럼 흑은 진짜 집을 1개만 갖고 있으므로 살 수 없습니다.

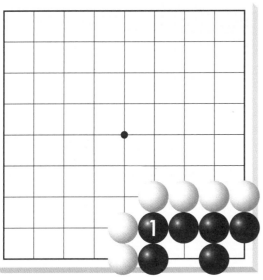

따라서 흑은 **①**의 자리에 두어 튼튼하면서도 떨어진 두 집을 갖춰야 합니다. 이제 흑돌은 아무도 잡을 수 없습니다.

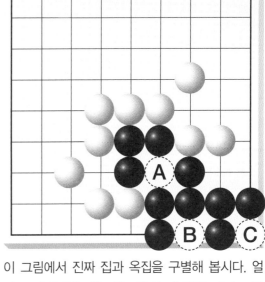

이 그림에서 진짜 집과 옥집을 구별해 봅시다. 얼핏 보면 흑돌은 Ⓐ, Ⓑ, Ⓒ의 세 집을 가지고 있는 것처럼 보입니다.

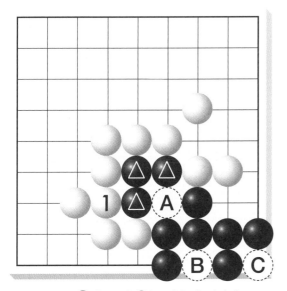

하지만 백이 ①을 두면 △는 단수가 됩니다.

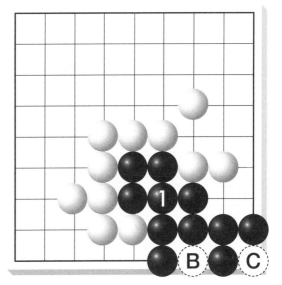

흑은 **①**로 이어야 하므로 Ⓐ는 옥집이고, Ⓑ와 Ⓒ는 절대로 단수를 당하지 않는 진짜 집입니다. 이때 흑돌은 떨어진 두 집이 있기 때문에 살아 있는 돌입니다.

ⒶⒶ가 진짜 집이면 O표, 옥집이면 X표를 해 봅시다.

1

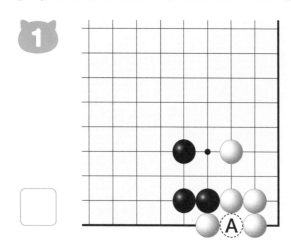

2

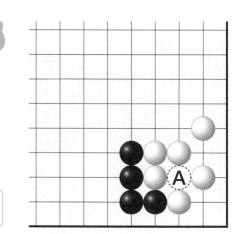

3

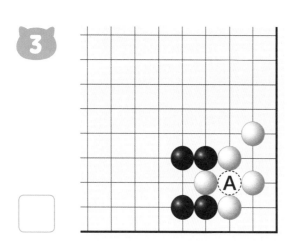

4

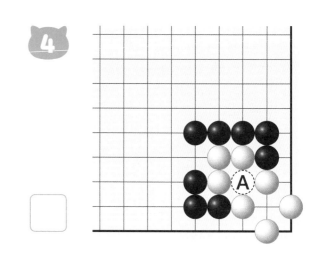

5

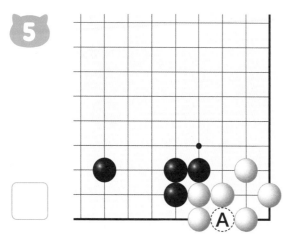

6

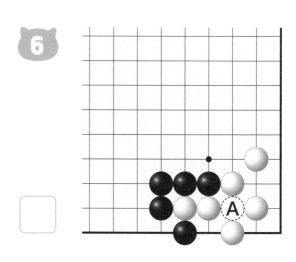

🐟 Ⓐ가 진짜 집이면 O표, 옥집이면 X표를 해 봅시다.

7

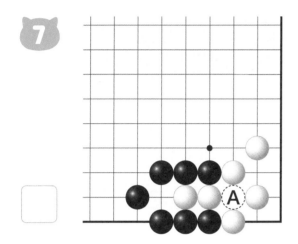

8

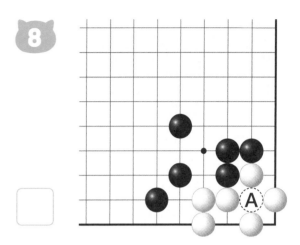

9

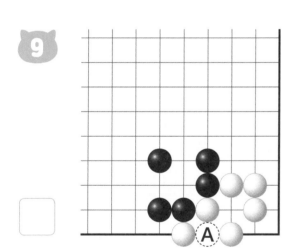

10

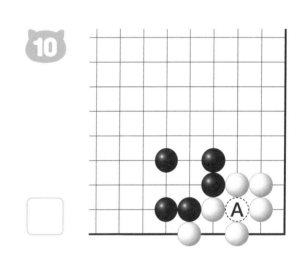

11

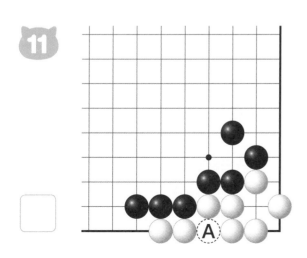

12

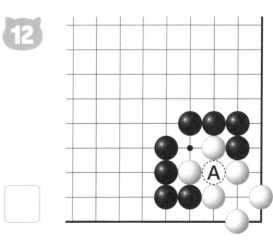

🐟 바둑판에 흑돌을 그려 Ⓐ를 옥집으로 만들어 봅시다.

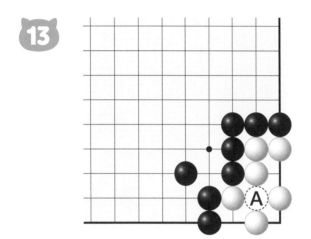

13

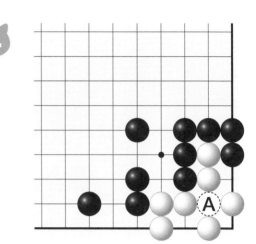

14

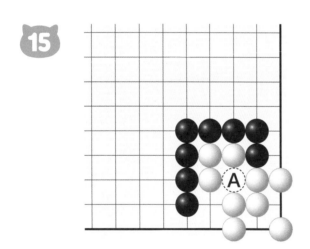

15

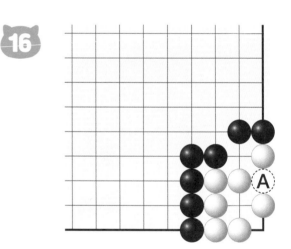

16

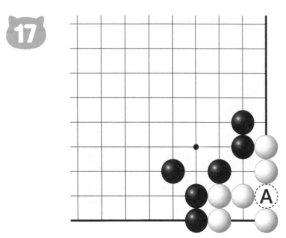

17

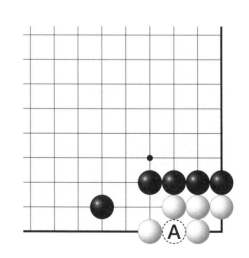

도전 18

⊕와 ⊕ 중 옥집을 찾아 ✔표를 해 봅시다.

19

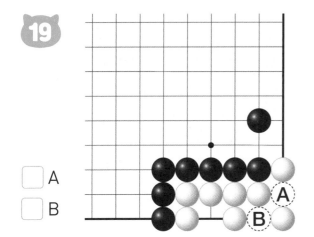

☐ A
☐ B

20

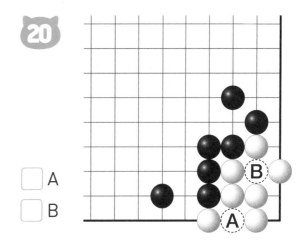

☐ A
☐ B

21

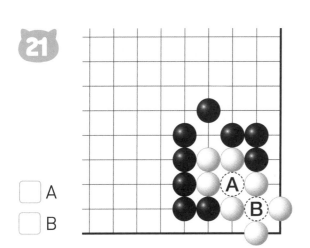

☐ A
☐ B

22

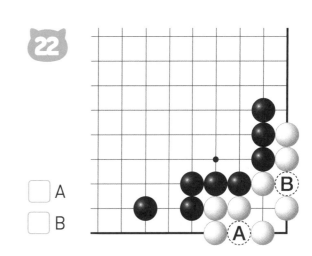

☐ A
☐ B

23

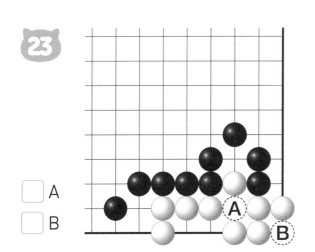

☐ A
☐ B

24

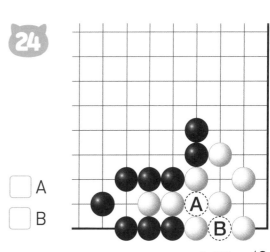

☐ A
☐ B

마음이 쑥쑥

🐟 바둑의 규칙 중 자신이 경험한 공정한 모습을 골라 ✅표를 해 봅시다.

☐ 서로 한 수씩 번갈아 둔다.

☐ 바둑 대회에서 초시계를 놓고 둔다.

☐ '돌 가리기'를 통해서 흑백을 결정한다.

☐ 실력 차이가 나는 경우에는 약한 친구가 돌을 미리 깔고 둔다.

☐ 먼저 시작하는 흑이 유리하기 때문에 백에게 6집 반의 덤을 준다.

💜 바둑을 '세상에서 가장 공정한 게임'이라고 하는 이유는 무엇인지 생각해 봅시다.

바둑 황제 조훈현 9단

프로 기사 중에는 뛰어난 천재들이 많습니다. 그중에서도 조훈현 9단은 네 살 때, 아버지가 친구와 두는 바둑을 구경하다가 스스로 바둑을 깨우쳤다고 합니다. 아홉 살에 세계에서 가장 어린 나이로 프로 기사가 되었고, 열 살 때 일본으로 유학을 갔다가 청년이 되어 돌아온 후로 우리나라의 모든 프로 바둑 대회에서 우승을 차지할 만큼 눈부신 성과를 거두었습니다.

조훈현 9단에게는 평생 잊지 못할 사건이 있었습니다. 바로 첫 세계 대회에서 우승을 차지했던 순간입니다. 1988년 여름, 4년마다 한 번씩 열려 '바둑 올림픽'으로 불리는 제1회 응씨배의 막이 올랐습니다. 그때만 해도 우리나라는 일본이나 중국보다 바둑이 약했기 때문에, 조훈현 9단만이 홀로 싸움에 나섰습니다. 하지만 조훈현 9단은 세계의 강자들을 모두 물리치며 당당히 결승에 올랐고, 중국의 녜웨이핑 9단에게 승리를 거두며 응씨배 우승 트로피를 가슴에 안았습니다. 한국 바둑이 세계 정상에 우뚝 서는 감격스러운 그 순간, 우리나라에서 바둑을 지켜보던 많은 사람들은 "대한민국 만세! 조훈현 만세! 한국 바둑 만세!"를 외치며 감동의 눈물을 흘렸습니다.

이튿날 우리나라로 돌아온 조훈현 9단은 김포 공항에서부터 마포까지 자동차 행진을 펼쳤습니다. 바둑 역사상 처음 벌어진 광경이었습니다. 세계 챔피언이 되어 돌아온 조훈현 9단에게 시민들은 뜨거운 박수와 축하를 보내며 함께 기뻐했습니다. 그 후로도 조훈현 9단은 세계 바둑 대회를 전부 휩쓸면서 '바둑 황제'라 불리게 되었고, 많은 사람들에게 존경받는 프로 기사가 되었습니다.

5 빅

이 단원을 배우면!

• 빅의 개념을 이해할 수 있어요.

• 내 돌을 빅으로 만들어 살릴 수 있어요.

인성 바둑을 두면서 내가 둔 수에 스스로 책임질 수 있어요.

오늘 배울 내용을 생각해 보며, 그림을 살펴봅시다.

먼저 넘어오기만 해 봐!

너야 말로 조심해!

먼저 들어가면 잡힌다.

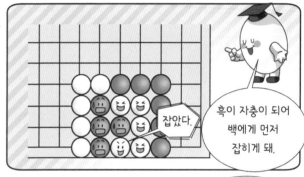

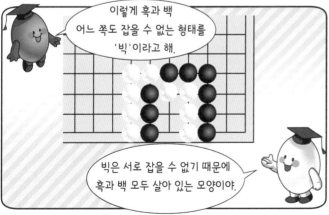

빅 이해하기

수상전에서 흑과 백, 어느 쪽도 잡을 수 없는 상태를 빅이라고 합니다.

빅은 먼저 욕심을 부리는 쪽이 잡히게 되므로, 서로 두지 않고 놔두는 것이 최선이에요!

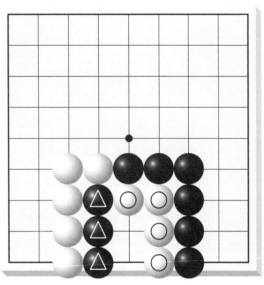

▲와 ◎가 수상전을 벌이고 있습니다. 서로 활로가 2개인 상황에서 흑이 둘 차례라면 어디에 두어야 할까요?

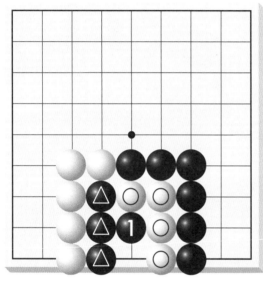

수상전에서는 바깥쪽부터 수를 줄여야 하지만, 안쪽에만 활로가 있는 상황입니다. 흑이 백돌을 잡으려면 ❶을 두어 활로를 줄일 수밖에 없습니다.

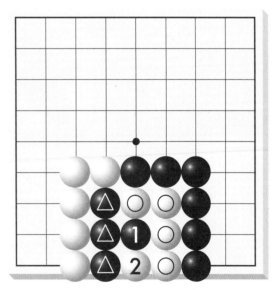

그러나 ❶이 자충수가 되어 백은 ②로 흑돌을 잡을 수 있습니다. 백 역시 먼저 흑돌의 활로를 메운다면 자충이 되어 흑에게 잡히고 맙니다.

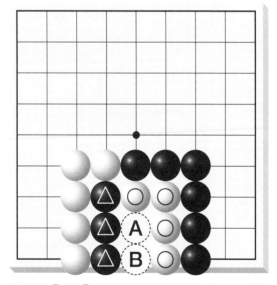

이처럼 Ⓐ나 Ⓑ에 먼저 두면 잡히게 되므로, 서로 두지 않고 비긴 것으로 여겨 **빅**이라고 하며, 양쪽 모두 살아 있는 돌로 인정합니다.

빅 만들기

빅을 만들면 서로 잡을 수 없기 때문에 자신의 돌을 살릴 수 있습니다.

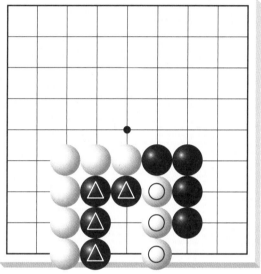

🔺와 ◎가 수상전을 벌이고 있는 형태입니다. 🔺 는 활로가 2개, ◎는 3개입니다.

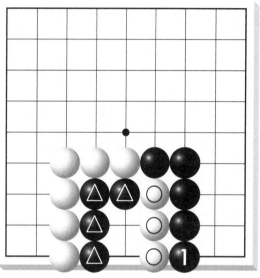

흑돌이 잡힐 것 같지만, ❶로 막으면 빅을 만들어 흑돌을 살릴 수 있습니다.

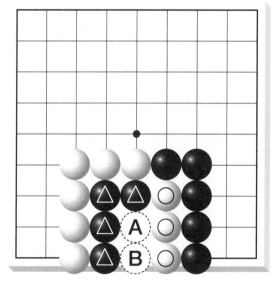

흑과 백이 상대의 돌을 잡으러 Ⓐ나 Ⓑ에 먼저 두면, 자충이 되어 잡히게 됩니다. 따라서 빅을 만들면 흑과 백 모두 살릴 수 있습니다.

빅을 만들면 서로 잡을 수 없어요!

빅이 나면 흑과 백이 모두 살아 있는 것으로 인정해요!

🐟 흑을 두어 흑 ▲와 백 ◎를 빅으로 만들어 봅시다.

1
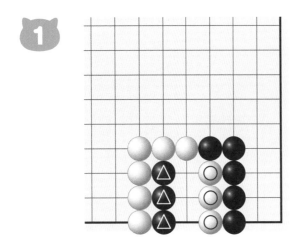

2
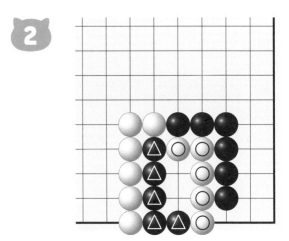

3
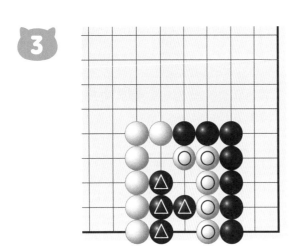

4
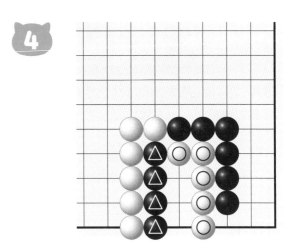

5
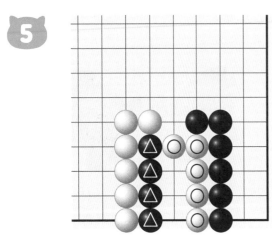

도전
6
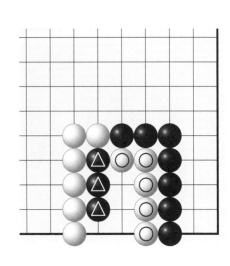

🐟 흑을 두어 흑 ▲와 백 ◎를 빅으로 만들어 봅시다.

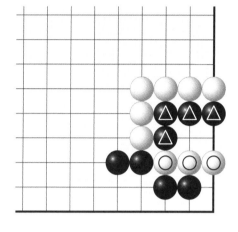

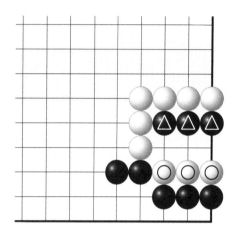

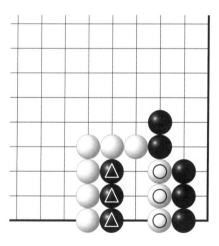

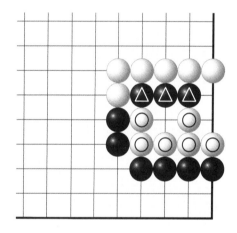

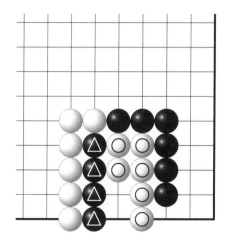

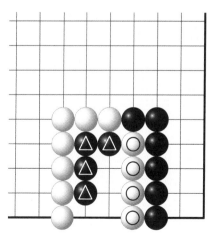

백을 두어 흑 ▲와 백 ◎를 빅으로 만들어 봅시다.

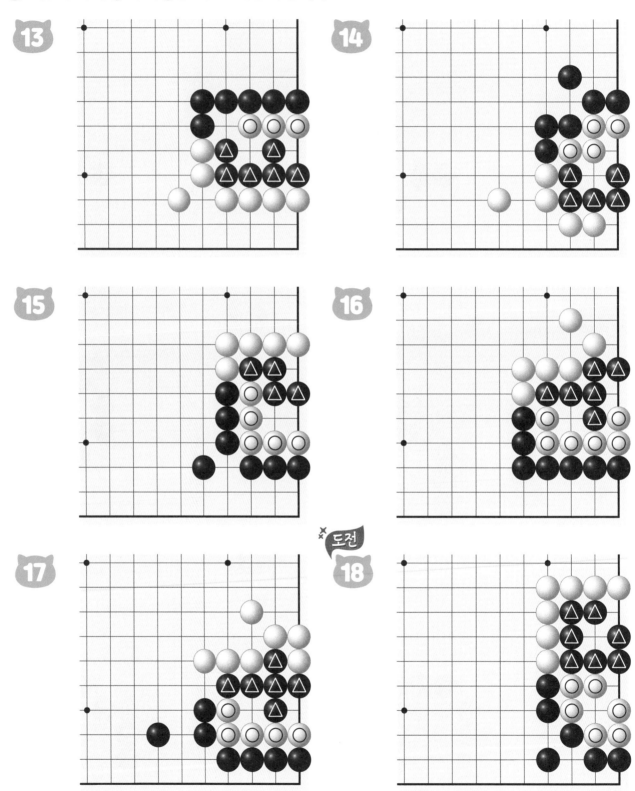

13

14

15

16

도전

17

18

백을 두어 흑 ▲와 백 ◎를 빅으로 만들어 봅시다.

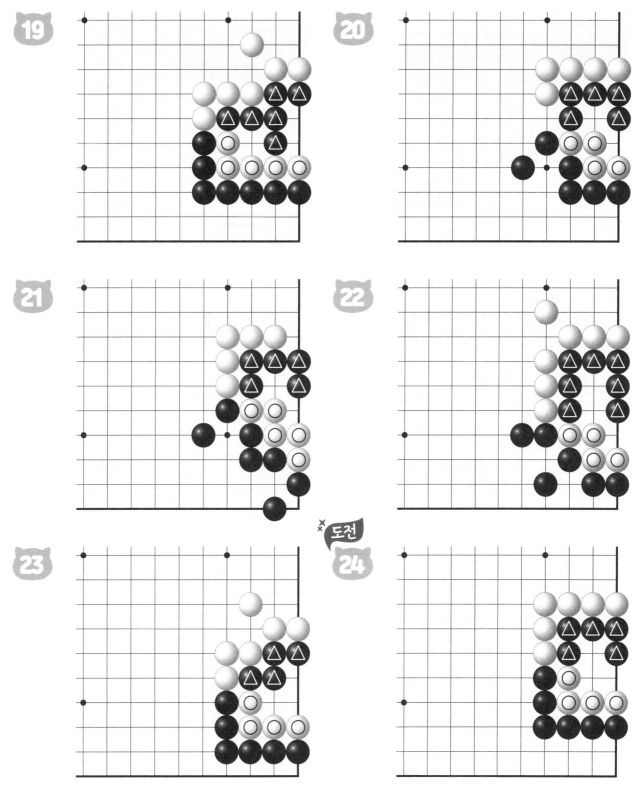

🐟 바둑부 친구들의 이야기를 보고, 다음 질문에 답해 봅시다.

💜 책임감 있는 사람이 되려면 어떻게 행동해야 할지 써 봅시다.

우주에서 펼쳐진 대국

1996년 1월, 우주 왕복선 엔데버호에서는 역사적인 임무가 수행되었습니다. 그것은 바로 우주 왕복선에 탑승하고 있던 우주인 다니엘 배리와 와카타 코이치의 대국이었습니다. 다니엘 배리는 여러 인터뷰에서 바둑을 "여러 장점을 갖고 있는 매우 좋은 게임이다."라고 말하며 가장 좋아하는 게임으로 꼽을 정도로 바둑 애호가였습니다. 그는 인류 최초로 우주에서 둔 대국의 공로를 인정받아 일본기원으로부터 아마추어 2단 자격을 얻었습니다.

그렇다면 중력이 거의 없는 우주에서 어떻게 바둑을 두었을까요? 우주 대국에서는 모든 바둑의 규칙이 적용되었지만 바둑돌만은 쉽게 붙일 수 있는 스티커로 대체되었다고 합니다. 그리고 이 대국은 일본의 바둑 명인 혼인보 슈사이의 은퇴 대국 기보*를 재현하면서 진행되었고, 마치기 전 5분 동안 상대에게 바둑을 가르치는 시간을 가졌다고 합니다. 이때 사용되었던 휴대용 바둑판은 '4천 년의 여행(A JOURNEY OF 4,000 YEARS)'이라는 글자를 새겨 넣어 도쿄의 일본기원 바둑 박물관에 소장되어 있습니다.

우주 공간에서 즐길 수 있는 많은 게임들 중 바둑이 선택된 것은 바둑판에 새겨진 글귀처럼 바둑이 4천 년이라는 오랜 인류의 역사를 지녔기 때문일 것입니다.

＊ 기보 바둑을 두어 나간 기록을 말함.

6 행마

이 단원을 배우면!
- 다양한 행마를 알 수 있어요.
- 상황에 알맞은 행마를 선택할 수 있어요.

인성 바둑을 두며 생각하는 힘을 기를 수 있어요.

 오늘 배울 내용을 생각해 보며, 그림을 살펴봅시다.

💡 적당한 거리에서 함께 어우러지며 움직이는 것이 중요하다.

행마

행마란, 바둑판에 놓인 돌들과 어우러지도록 일정한 방식에 의해 돌을 놓는 것입니다. 한마디로 바둑돌을 움직여 가는 모양이라고 할 수 있습니다. 다양한 행마에 대해 알아봅시다.

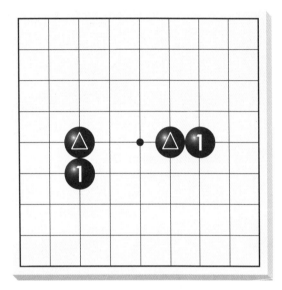

❶처럼 내 돌을 기준으로 바로 옆에 두어 가는 행마를 **늘기** 혹은 **뻗기**라고 합니다. 끊어질 염려가 없어 가장 안전하고 튼튼하지만, 집을 지을 때 발이 너무 느리다는 단점이 있습니다.

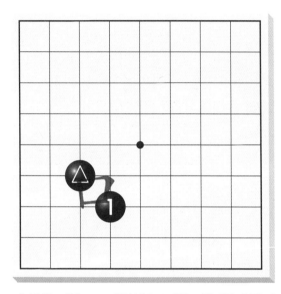

내 돌을 기준으로 대각선으로 두는 행마를 **입구자**라고 합니다. 연결성이 튼튼하고 늘기보다는 조금 더 효율적이지만 역시 발이 느리다는 단점이 있습니다.

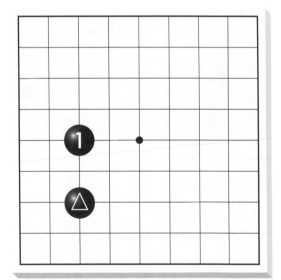

한 칸 뛰기는 내 돌을 기준으로 한 칸 띄어 두는 행마입니다. 한 칸 뛰기는 안전하면서도 효율적이기 때문에 가장 자주 쓰이는 기본 행마입니다.

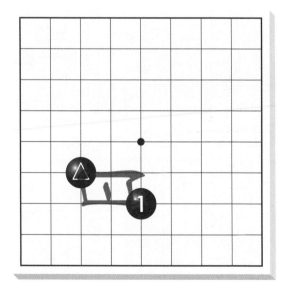

날일자 행마는 한 칸 뛰기와 함께 가장 많이 쓰입니다. 입구자보다 덜 튼튼하지만, 잘 끊어지지 않으면서 땅을 더 넓게 차지할 수 있습니다.

행마의 특징을
이해하고, 상황에 맞는
행마를 선택하는 능력을
길러 보아요.

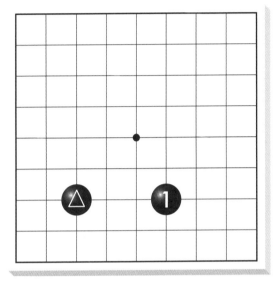

두 칸 뛰기는 내 돌을 기준으로 두 칸을 띄어 두는
행마로, 집을 지을 때 자주 쓰입니다. 한 칸 뛰기보
다 연결성은 약하지만 영토를 넓힐 때 매우 효율
적이고, 초반 포석에서 유용하게 쓰입니다.

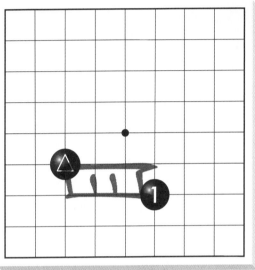

눈목자 행마입니다. 날일자보다 한 칸 더 벌어져
효율적이지만, 연결이 허술해 싸움을 벌일 때 상대
에게 끊길 수 있습니다.

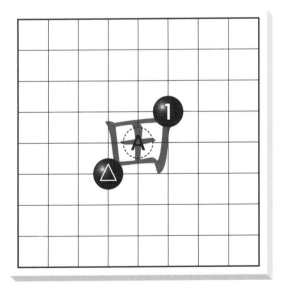

밭전자 행마입니다. 상대가 Ⓐ에 들어오면 바로
끊어지기 때문에 잘 사용하지 않지만, 상대가 그
약점을 찔러 오도록 유인할 때 쓰이기도 합니다.

행마의 간격이 좁을수록
연결이 튼튼하지만
능률이 떨어져요!

행마의 간격이 넓을수록
발이 빠르고 효율적이지만
돌이 끊기기 쉬워요!

흑 ❶은 어떤 행마인지 써 봅시다.

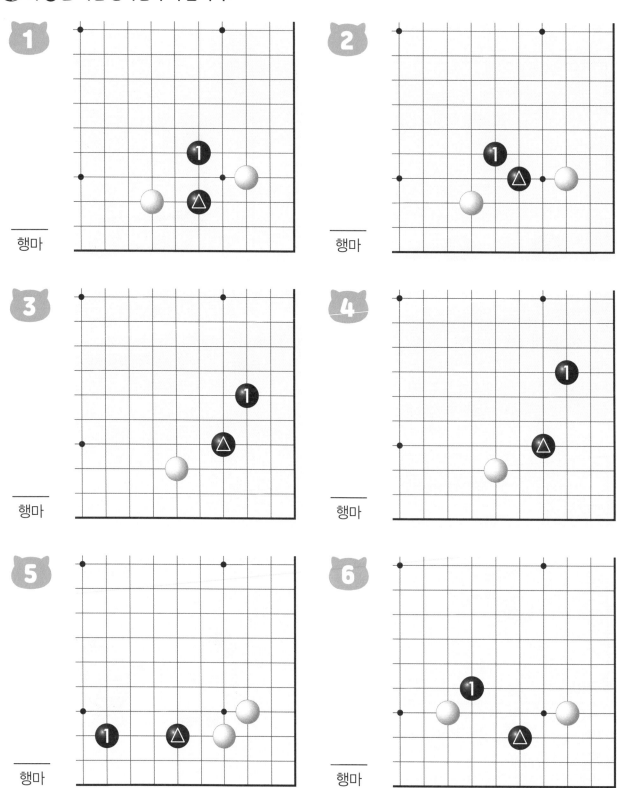

1

행마 _____

2

행마 _____

3

행마 _____

4

행마 _____

5

행마 _____

6

행마 _____

🐱 흑 ❶은 어떤 행마인지 써 봅시다.

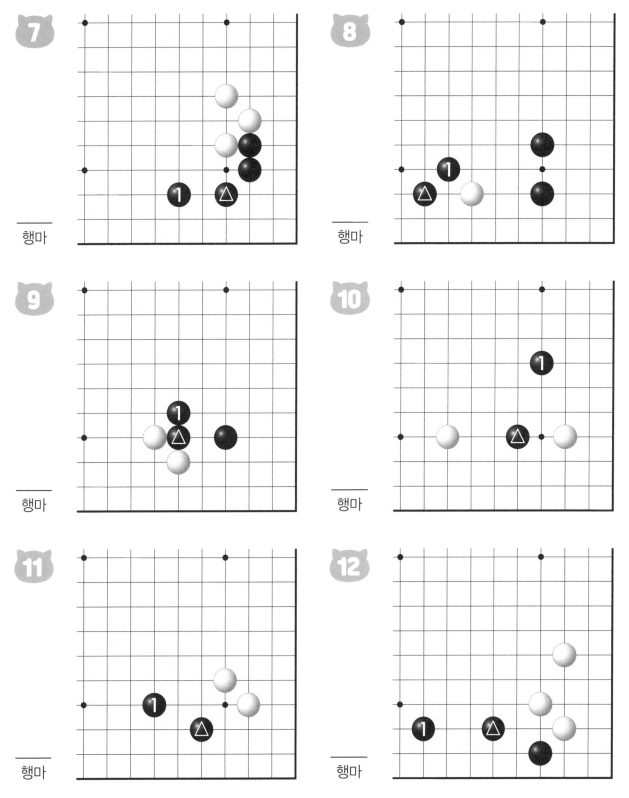

🐟 백①은 어떤 행마인지 써 봅시다.

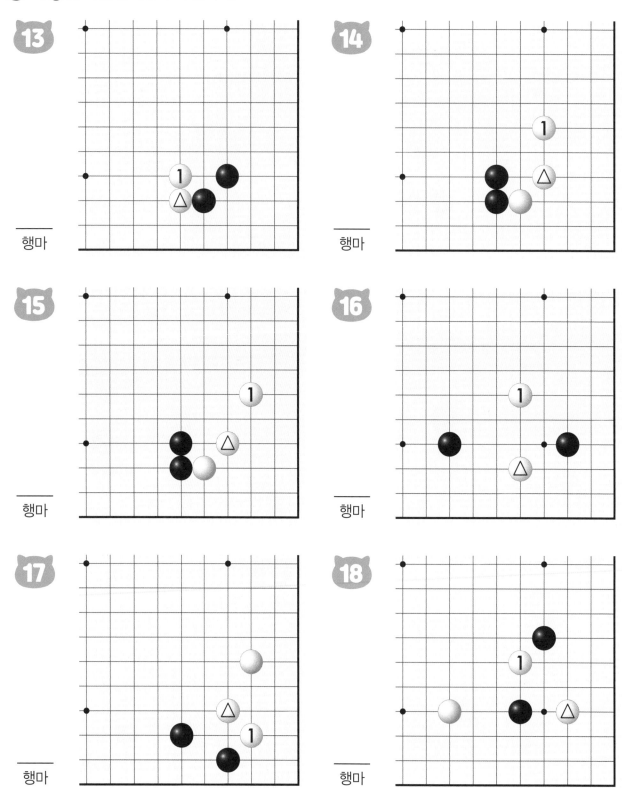

13

행마 _____

14

행마 _____

15

행마 _____

16

행마 _____

17

행마 _____

18

행마 _____

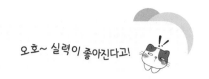

흑으로 어떤 행마를 선택하면 좋을지 ✔표를 해 봅시다.

19
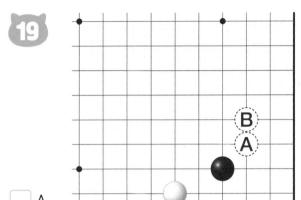

A
B

20
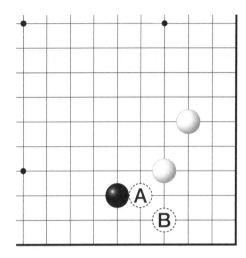

A
B

21
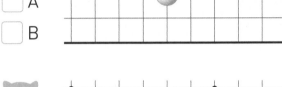

A
B

22
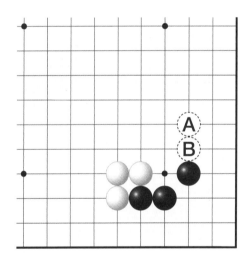

A
B

23
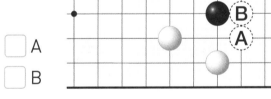

A
B

24
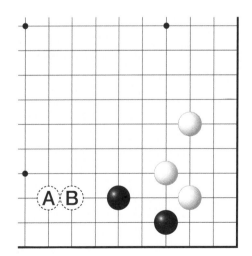

A
B

마음이 쑥쑥

바둑은 상대가 둔 수에 "왜?"라는 질문을 끊임없이 던지면서 문제를 해결하는 과정입니다. 다음 내용을 보고, 질문에 답해 봅시다.

위와 같은 문제를 해결하기 위해 내가 실천할 수 있는 일을 찾아 써 봅시다.

누구나 실수를 한다

바둑을 두다가 유리한 상황에서 자신의 실수로 역전을 당해 본 경험이 있나요? 이럴 땐 참 속상하고 억울한 감정이 들 것입니다. 하지만 사람은 누구나 실수를 합니다. 심지어 바둑의 고수들인 프로 기사들도 마찬가지입니다. 그러나 프로 기사들은 실수를 대하는 태도에 있어서 다른 점이 있습니다. "다 이긴 바둑을 실수로 졌다."라는 말을 하거나 억울해하지 않는다는 점입니다. '실수도 실력'이라는 것을 누구보다 잘 알기 때문입니다.

어떻게 보면 바둑에서 '누가 실수를 적게 하느냐?'가 진짜 실력일지도 모릅니다. 바둑 국보 이창호 9단은 "승패를 떠나 단 한 번만이라도 좋으니 실수 없는 바둑을 두어 보는 게 꿈이다."라고 말하기도 했습니다. 알파고를 이긴 유일한 기사 이세돌 9단도 "상대의 실수에 편승하지 않고 오직 내 힘으로만 이기는 바둑을 두고 싶다."라는 말을 하기도 했습니다.

세계 제일의 고수들도 실수와 승부 사이에서 고뇌한다는 사실이 놀랍지 않은가요? 우리도 지나간 실수에 너무 괴로워하지 말고, 실수도 실력임을 인정하는 겸허한 자세를 가지도록 노력해 봅시다.

연결하는 방법

이 단원을
배우면!

• 바둑에서 다양한 연결 방법을 알 수 있어요.

• 바둑을 둘 때, 상황에 맞는 연결 행마를 선택할 수 있어요.

인성 바둑을 두며 사람들과 함께 어울리는 자세를 배울 수 있어요.

 오늘 배울 내용을 생각해 보며, 그림을 살펴봅시다.

연결이 중요하다.

만화로 배우는 바둑

꽉 이음 연결

바둑에서 나의 돌을 연결하면 튼튼해지고, 반대로 상대는 약해집니다. 돌과 돌을 연결하는 가장 기초적인 방법인 꽉 이음 연결을 배워 봅시다.

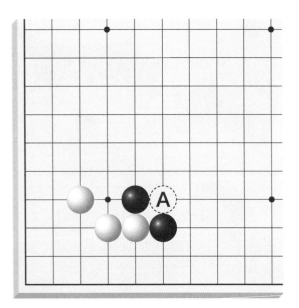

Ⓐ에 끊기는 약점이 있는 흑은 어디에 두어야 할까요?

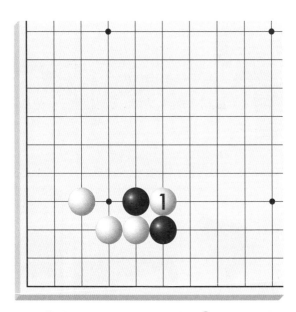

만약 흑이 다른 곳에 둔다면 백이 ①로 끊어 와서 흑돌 두 점이 약해집니다. 그럼 약점을 지키는 방법으로는 어떤 수가 있을까요?

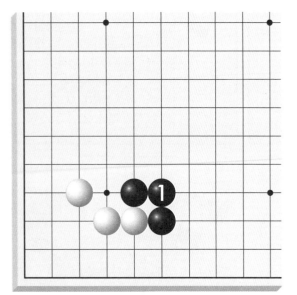

가장 쉬운 방법은 ❶로 약점을 꽉 이어 가는 수입니다. **꽉 이음 연결**은 돌과 돌을 연결하는 가장 기초적인 방법입니다.

연결만 잘해도 고수가 될 수 있다.

꽉 이음 연결은 발은 느리지만 아주 튼튼하다는 장점이 있어!

호구 연결

돌과 돌을 연결하는 방법 중 효율적인 연결 방법인 호구 연결을 배워 봅시다.

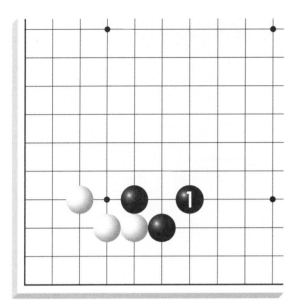

위의 형태에서 ❶로 호구를 치는 것도 좋은 연결 방법입니다. 호구 모양은 상대가 들어올 수 없는 튼튼한 형태입니다.

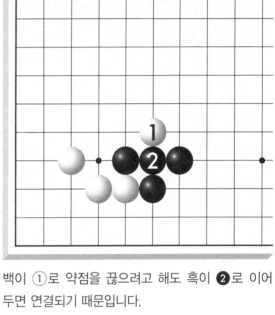

백이 ①로 약점을 끊으려고 해도 흑이 ❷로 이어 두면 연결되기 때문입니다.

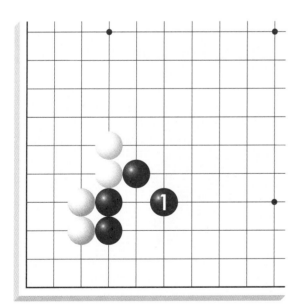

이 같은 형태에서도 ❶로 호구를 치는 것이 효과적인 연결 방법입니다. **호구 연결**은 효율적이고 발이 빠르다는 장점이 있습니다.

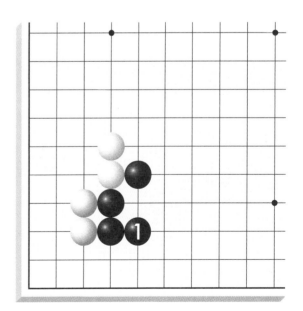

같은 호구라고 해도 ❶은 빈삼각 모양이 되어 효율성이 떨어집니다.

양호구 연결

양호구란 양쪽이 호구인 모양입니다. 양쪽에 약점이 있을 때는 양호구 모양으로 연결하는 것이 약점을 동시에 지킬 수 있는 좋은 방법입니다.

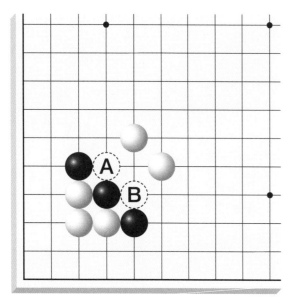

흑에게 Ⓐ, Ⓑ 양쪽이 모두 약점인 상황입니다. 이럴 때는 어떻게 연결하는 것이 좋을까요?

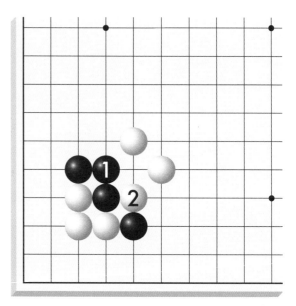

❶로 이으면 백이 ②를 두어 흑돌이 끊깁니다.

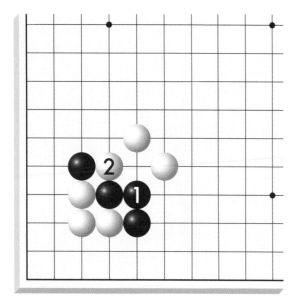

반대쪽 ❶로 이어도 백이 ②를 두어 흑돌이 끊깁니다.

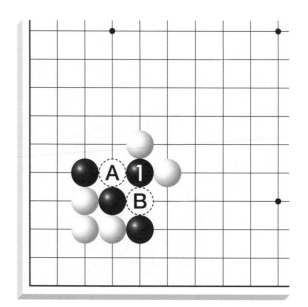

따라서 ❶과 같이 **양호구**를 치는 것이 좋습니다. 백은 Ⓐ나 Ⓑ로 두면 흑에게 잡히기 때문에 흑돌을 끊을 수 없습니다.

쌍립 연결

쌍립이란 돌이 두 개씩 한 칸 떨어져서 쌍으로 마주 보고 있는 모양을 말합니다. 쌍립은 상대가 두 번 두지 않는 한, 절대 끊어지지 않는 튼튼하고 수준이 높은 연결 방법입니다.

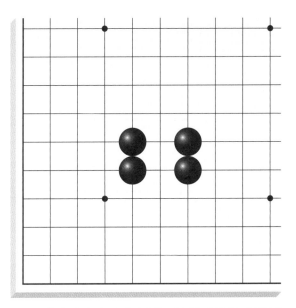

돌 두 개가 나란히 이어져 있는 두 쌍의 돌들이 한 칸 떨어져 마주 보고 있는 형태를 **쌍립**이라고 합니다.

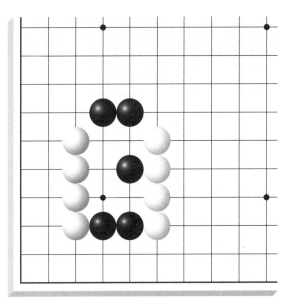

떨어져 있는 세 그룹의 흑돌을 연결하려면 어떻게 해야 할까요?

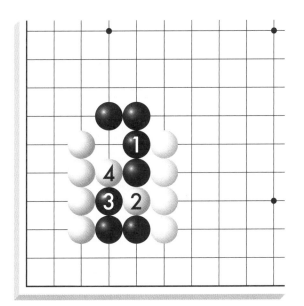

흑이 ❶로 이으면 ②와 ④로 흑돌이 끊어집니다. 반대로 ②의 자리에 흑을 두어도 백이 ❶로 두면 흑돌이 끊어집니다.

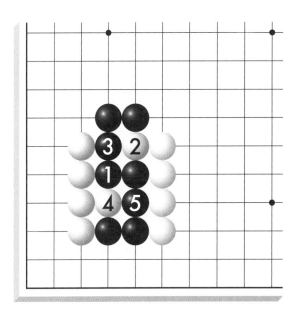

이럴 때는 ❶과 같이 쌍립으로 연결하는 것이 좋은 방법입니다. 백이 ②로 찔러 와도 ❸으로 연결하고, ④를 두어도 ❺로 두면 끊어지지 않습니다.

🐟 흑 ▲와 ◉를 꽉 이음으로 연결해 봅시다.

1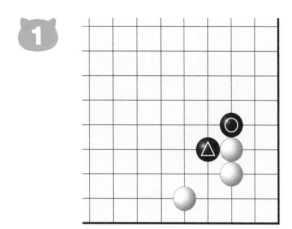

2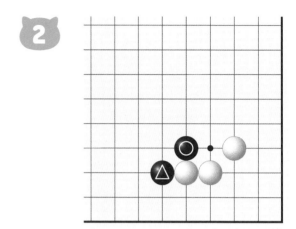

3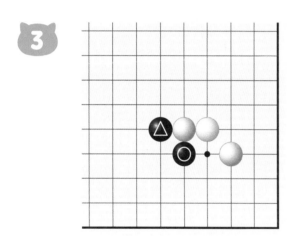

4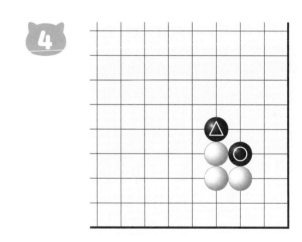

5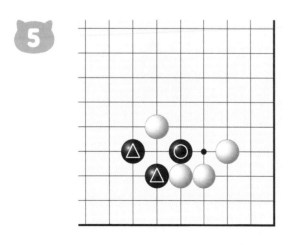

6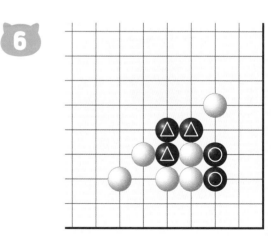

🐟 흑 ▲와 ◎를 호구로 연결해 봅시다.

7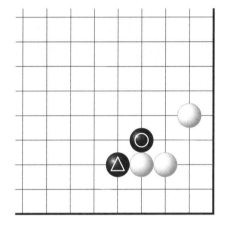

8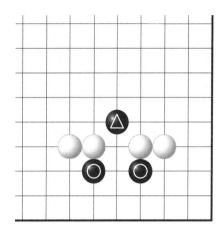

9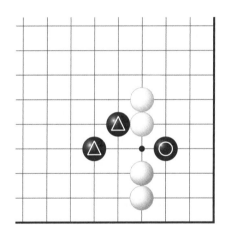

10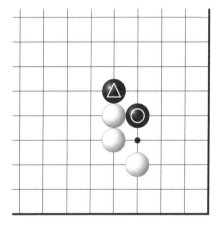

11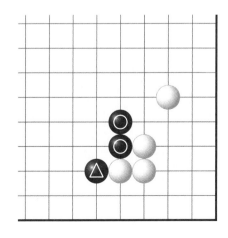

12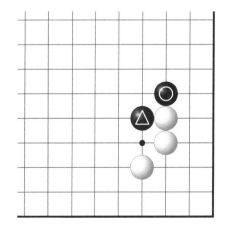

🐟 흑 ▲와 ◎를 양호구로 연결해 봅시다.

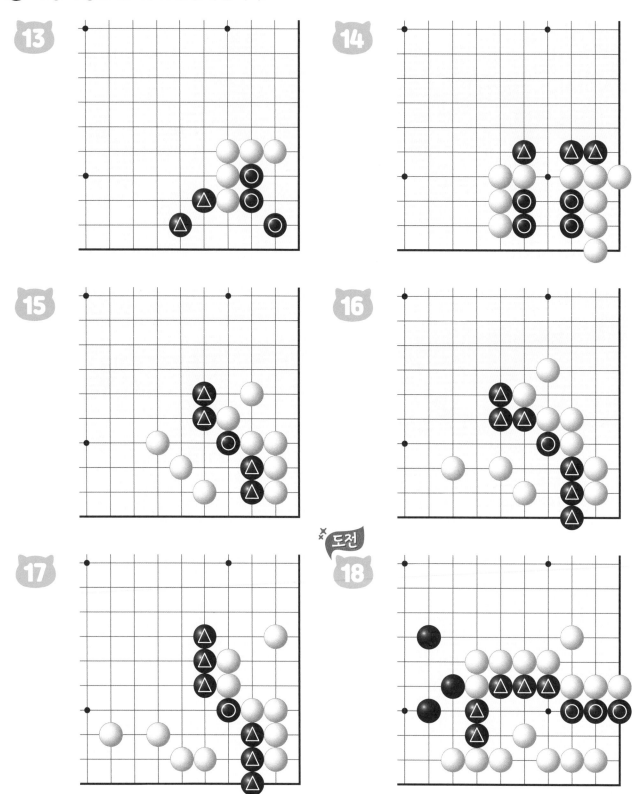

🐟 흑 ▲와 ◉를 쌍립으로 연결해 봅시다.

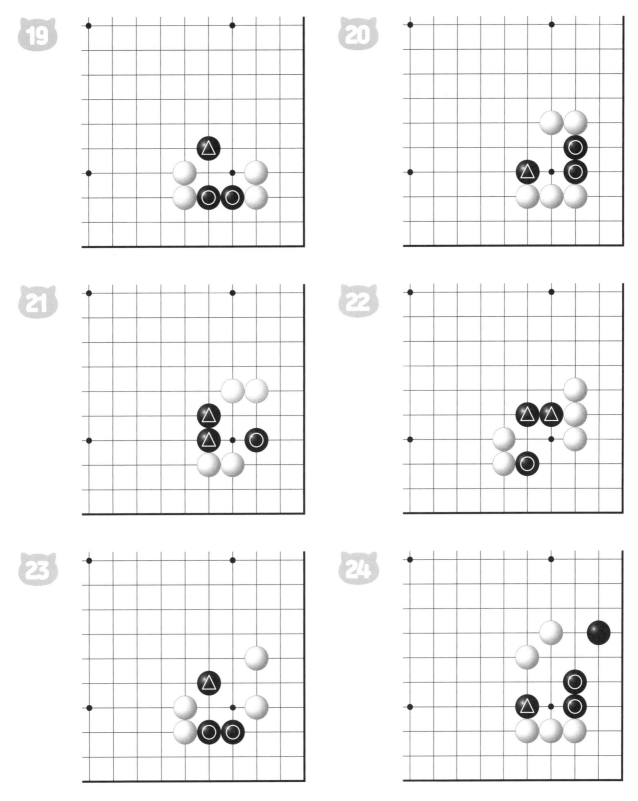

🐟 숲속 마을에 사는 동물들의 이야기를 보고, 다음 질문에 답해 봅시다.

💗 친구들과 사이좋게 어울릴 수 있는 방법은 무엇일까요?

생활 속 바둑 용어

❶ 포석(布石): 중반전의 싸움이나 집 차지에 유리하도록 초반에 돌을 벌여 놓는 일을 뜻합니다. 일상생활에서는 앞날을 위해 미리 손을 써서 준비함을 뜻하며, '포석을 깔다.', '포석을 놓다.' 등의 형태로 사용합니다.

❷ 정석(定石): 예부터 지금까지 공격과 수비에 최선이라고 인정한 일정한 방식으로 돌을 놓는 법을 뜻합니다. 실생활에서는 '사물의 처리에 정하여져 있는 일정한 방식'이라는 뜻으로 사용합니다.

❸ 실리(實利): 반상에 돌을 놓아 획득한, 집으로 굳어진 공간을 뜻합니다. 일상생활에서는 '실제로 얻는 이익'을 뜻합니다.

❹ 국면(局面): 바둑을 두고 있는 상황에서 승패의 형세를 이르는 말입니다. 실생활에서는 '어떤 일이 벌어지는 장면과 형편'이라는 뜻으로 쓰입니다.

❺ 타개(打開): 공격받는 돌을 안정시키거나 상대의 세력권으로부터 탈출시키는 과정을 뜻합니다. 일상에서는 '매우 어렵거나 막힌 일을 잘 처리하여 해결의 길을 열었을 때'를 가리킵니다.

❻ 사활(死活): 돌의 삶과 죽음을 뜻합니다. 보통 '죽기와 살기'라는 뜻으로, 어떤 중대한 문제를 비유적으로 이르는 말입니다.

❼ 패착(敗着): 그곳에 돌을 놓았기 때문에 결과적으로 그 판에서 지게 된 나쁜 수를 말합니다. 생활 속에서는 어떤 일에 실패하거나 승부에서 졌을 때 '패배의 원인이 된 결정적인 단서'를 의미합니다.

❽ 착수(着手): 돌을 바둑판에 번갈아 한 수씩 두는 일을 말합니다. 일상에서는 '어떤 일에 손을 대거나, 어떤 일을 시작하는 경우'를 뜻합니다.

❾ 묘수(妙手): 바둑에서 생각해 내기 힘든 좋은 수를 뜻합니다. 일상에서도 묘한 기술이나 뛰어난 솜씨, 혹은 교묘한 재주를 통해 일을 해결해 나갈 때 '묘수를 놓다.'라고 표현합니다.

❿ 승부수(勝負手): 바둑의 승패를 좌우하는 결정적인 수로, 불리한 형세를 회복하고자 승부와 직결된 강수를 두었을 때 '승부수를 던졌다.'라고 표현합니다. 일상에서도 어떤 일이 잘 풀리지 않을 때 모험을 걸어 보는 것을 가리켜 '승부수'라는 용어를 사용합니다.

8 귀의 착점

이 단원을 배우면!

- 비어 있는 귀에 착수하는 방법을 알 수 있어요.
- 다양한 귀의 착점 가운데 선택해서 둘 수 있어요.
- 인성 상대의 수를 존중하는 자세를 지닐 수 있어요.

 오늘 배울 내용을 생각해 보며, 그림을 살펴봅시다.

깃발을 꽂는 위치가 중요하다!

만화로 배우는 바둑

* **대고목** 귀 착점의 하나. 보통은 잘 쓰지 않는 착점이나 변과 중앙의 발전성이 있음.

귀의 착점

집을 지을 때는 '귀 → 변 → 중앙'의 순서로 지어야 효율적입니다. 귀부터 시작할 때 어떻게 두어 가면 좋을지 귀의 착점에 대해 알아봅시다.

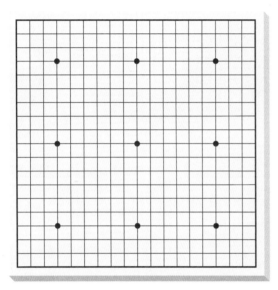

바둑판에 있는 9개의 점을 화점(花點)이라고 합니다.

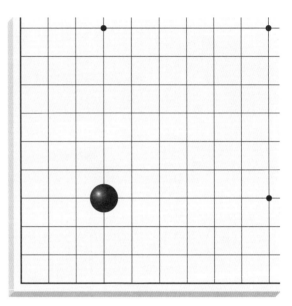

귀의 **화점**은 실리보다는 변과 중앙으로 나아가 세력을 이용하려는 착점으로, 발빠른 행마를 중시하는 현대 바둑에서 가장 많이 쓰입니다.

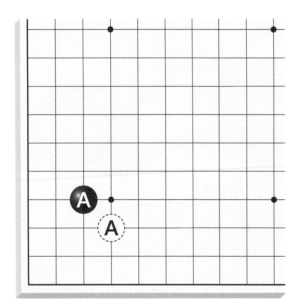

소목(小目)은 화점에서 밑으로 한 칸 내려간 자리로 한 귀에 두 개씩 있습니다. 귀에서 집을 만들기에 용이하기 때문에 실리를 중시하는 착점입니다.

현대 바둑에서 가장 많이 쓰이는 귀의 착점은 화점과 소목이에요!

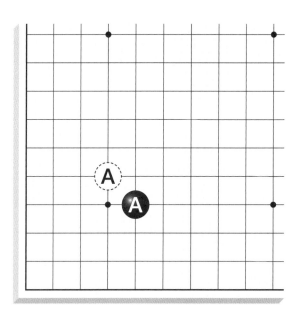

고목(高目)은 화점에서 한 칸 위로 올라간 자리로 한 귀에 두 개씩 있습니다. 고목은 세력선인 4선과 5선이 만나는 자리에 있어 중앙과 변을 향한 발전성이 뛰어납니다.

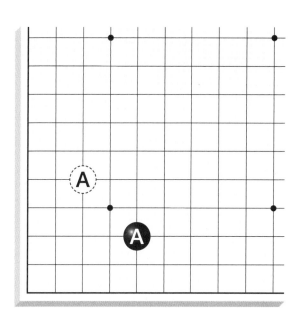

외목(外目)은 화점의 바깥쪽 대각선에 위치한 자리로 한 귀에 두 개씩 있습니다. 외목은 3선과 5선에 걸쳐져 있어 귀의 실리와 변으로의 발전성을 상황에 따라 선택할 수 있습니다.

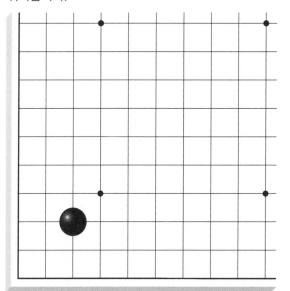

삼삼(3·三)은 가로, 세로의 3선이 만나는 자리입니다. 이미 한 수로 귀의 집을 확보하고 있어 실리를 확실히 차지할 수 있지만 큰 모양을 만들기 어렵고, 중앙으로의 발전성이 약합니다.

바둑을 시작할 때 이 다섯 가지 중에 선택해서 두면 돼요.

귀는 바둑판에서 집을 짓기가 가장 효율적인 공간이기 때문에 보통 두 곳씩 귀를 차지하며 시작해요.

🐟 귀의 착점 가운데 흑 ▲를 무엇이라고 부르는지 ✔표를 해 봅시다.

1

- [ ] 화점
- [ ] 소목
- [ ] 고목
- [ ] 외목
- [ ] 삼삼

2

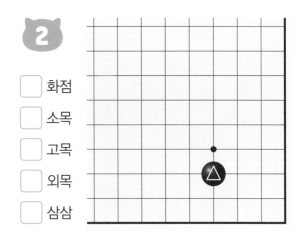

- [ ] 화점
- [ ] 소목
- [ ] 고목
- [ ] 외목
- [ ] 삼삼

3

- [ ] 화점
- [ ] 소목
- [ ] 고목
- [ ] 외목
- [ ] 삼삼

4

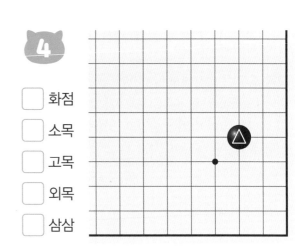

- [ ] 화점
- [ ] 소목
- [ ] 고목
- [ ] 외목
- [ ] 삼삼

5

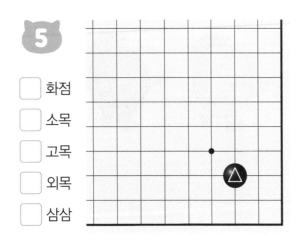

- [ ] 화점
- [ ] 소목
- [ ] 고목
- [ ] 외목
- [ ] 삼삼

6

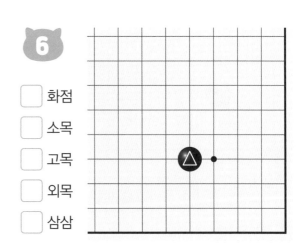

- [ ] 화점
- [ ] 소목
- [ ] 고목
- [ ] 외목
- [ ] 삼삼

귀의 착점 가운데 백 △ 를 무엇이라고 부르는지 ✔️ 표를 해 봅시다.

7

- [ ] 화점
- [ ] 소목
- [ ] 고목
- [ ] 외목
- [ ] 삼삼

8

- [ ] 화점
- [ ] 소목
- [ ] 고목
- [ ] 외목
- [ ] 삼삼

9

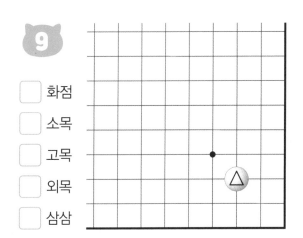

- [ ] 화점
- [ ] 소목
- [ ] 고목
- [ ] 외목
- [ ] 삼삼

10

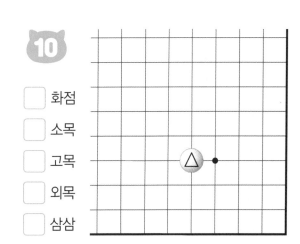

- [ ] 화점
- [ ] 소목
- [ ] 고목
- [ ] 외목
- [ ] 삼삼

11

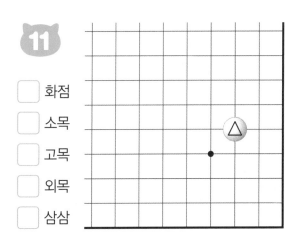

- [ ] 화점
- [ ] 소목
- [ ] 고목
- [ ] 외목
- [ ] 삼삼

12

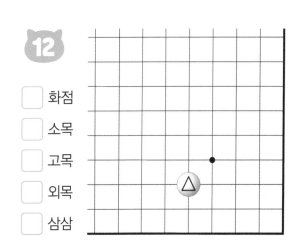

- [ ] 화점
- [ ] 소목
- [ ] 고목
- [ ] 외목
- [ ] 삼삼

🐟 귀를 지키고 있는 흑돌이 올바르게 두어졌으면 O표, 그렇지 않으면 X표를 해 봅시다.

13

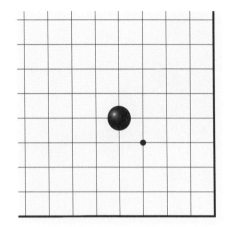

14

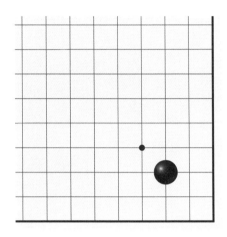

15

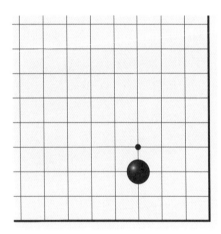

16

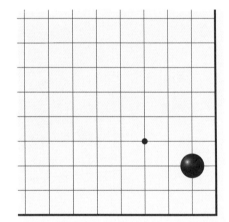

17

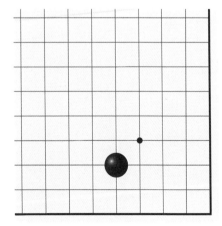

18

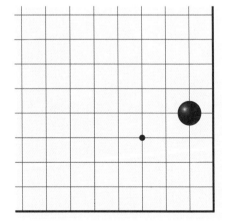

🐱 귀를 지키고 있는 백돌이 올바르게 두어졌으면 O표, 그렇지 않으면 X표를 해 봅시다.

19

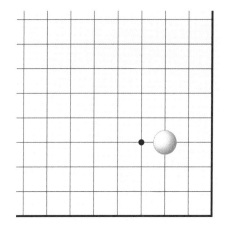

20

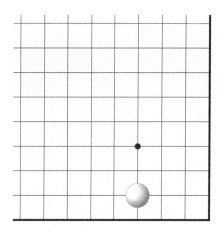

21

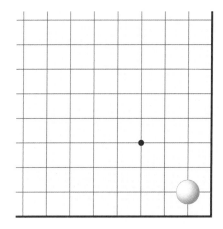

22

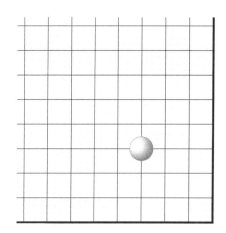

23

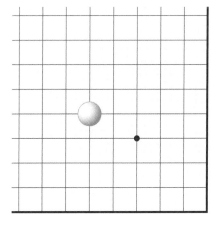

24

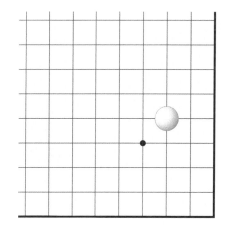

마음이 쑥쑥

바둑을 둘 때, 또는 일상생활에서 친구를 존중할 수 있는 방법에는 무엇이 있는지 써 봅시다.

복기할 때 친구의 말에 끝까지 귀를 기울여요.

친구가 몸이 아플 때 도와줘요.

친구의 의견이 나와 달라도 화내지 않아요.

남녀 세계 랭킹 1위, 신진서 9단과 최정 9단 이야기

현재(2024년 2월 기준) 세계에서 바둑을 가장 잘 두는 프로기사는 누구일까요? 바로 세계 랭킹 1위 신진서 9단과 세계 여자 랭킹 1위 최정 9단입니다.

신진서 9단은 2012년 7월, '제1회 영재 입단 대회'에서 12세의 나이로 프로 기사가 되었습니다. 그는 2014년, '제2기 합천군 초청 미래 포석 열전'에서 우승하며 존재감을 알렸고, 국내 공식 기전 최연소 우승(13세 10개월) 기록을 달성했습니다. 2020년 2월, 전통 있는 국제 대회인 '제24회 LG배 조선일보 세계 기왕전'에서 당당히 우승하면서 신진서 9단의 시대가 열렸습니다. 2023년, 4년마다 열려 '바둑 올림픽'이라고 불리는 '제9회 응씨배 세계바둑선수권대회'에서 또 하나의 왕관을 차지하며 메이저 세계 대회 다섯 차례 우승을 달성했고, 제19회 항저우 아시안 게임 바둑 종목 남자단체전에서 금메달을 획득했습니다. 또한 한·중·일 국가대항전인 '농심신라면배 세계 바둑 최강전'에서 2021~2024년 연이어 우리나라의 우승을 일궈 내면서 바둑 팬들에게 큰 감동을 안겨 주었습니다. 특히 2024년, '제25회 농심신라면배'에서 홀로 6연승을 거두며 한국팀에 우승을 안겨 '상하이 대첩'의 새로운 신화를 창조했습니다.

최정 9단은 2010년 프로 입단에 성공한 후, 2011년 제5회 '지지옥션배 여류 VS 시니어 연승 대항전'에서 무려 8연승을 거두며 주목받았습니다. 2012년부터 '여류 명인전'에서 다섯 번이나 우승을 차지했고, 이후 2017년에는 세계 여자 대회인 '궁륭산병성배'에서, 2018년 1월에는 '여류국수전'에서 우승을 차지하며 9단으로 승단했습니다. 2019년에는 세계 여자 단체전인 '황룡사배' 최종전에서 우리나라의 우승을 이끌었고, 특히 2022년 '삼성화재배 월드 바둑 마스터스'에서 여자 기사 최초로 세계 대회 남녀 통합기전 준우승, 2023년 '제28회 GS칼텍스배 프로기전'에서 준우승을 하는 등 최정 9단의 놀라운 기록은 바둑계에 혁명을 일으키고 있습니다.

포석

- 초반에 돌을 배치하는 방법을 배울 수 있어요.
- 집의 기초를 만드는 요령에 대해 알 수 있어요.
- 인성 바둑을 두며 자신을 존중하는 자세를 기를 수 있어요.

 오늘 배울 내용을 생각해 보며, 그림을 살펴봅시다.

기초를 잘 다져야 한다.

한돌아! 왜 이렇게 집을 작게 짓는 거야?

튼튼하게 울타리를 쳐야 상대가 못 들어오잖아!

튼튼한 것도 좋지만, 포석에서는 돌을 좀 띄엄띄엄 두어야 해.

그래?

그래야 집을 많이 차지할 수 있어!

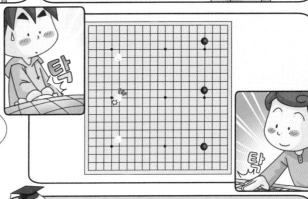

한돌아! 너 왜 이렇게 집을 높게 짓는 거야?

크게 지어야 집을 많이 차지할 수 있다며!

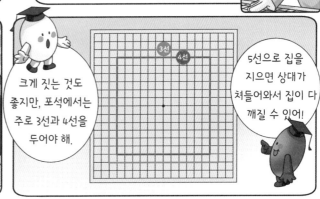

크게 짓는 것도 좋지만, 포석에서는 주로 3선과 4선을 두어야 해.

5선으로 집을 지으면 상대가 쳐들어와서 집이 다 깨질 수 있어!

으! 작게 지어도 안 되고, 크게 지어도 안 된다니!

자, 지금부터 집의 기초가 되는 포석의 요령을 알려 줄게!

효율적인 집짓기

포석은 바둑판 위에 돌을 배치하여 집의 기초를 만드는 것입니다. 한 판의 대국 과정에서 초반에는 포석, 중반은 전투, 종반에는 끝내기 단계가 진행됩니다.

布　石
베 포　돌 석

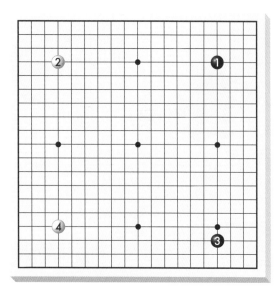

흑과 백이 각각 귀를 두 곳씩 차지한 후, 그 다음 수는 어떻게 두어야 할까요?

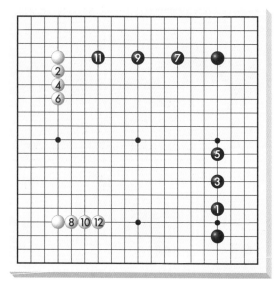

흑은 한 칸씩 띄거나 두 칸씩 띄어 집을 지었고, 백은 줄을 만들며 두었습니다. 따라서 백보다 흑이 차지한 영토가 훨씬 큽니다.

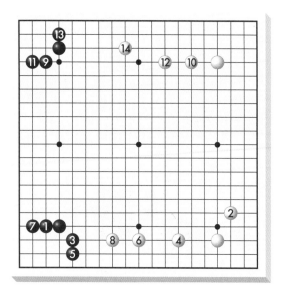

흑은 줄바둑을 두며 집을 만들었고, 백은 돌을 한 칸 혹은 두 칸씩 띄어 두며 집을 만들었습니다. 흑보다 백이 훨씬 효율적으로 집을 만들었습니다.

포석은 주인 없는 땅에 말뚝을 세워 서로 땅을 차지하는 과정이라고 할 수 있어요!

초반에는 돌을 붙여 두지 말고, 띄어 두며 집을 짓는 것이 유리해요!

초반 집짓기 선의 활용

대국 초반에 선을 잘 활용하면 집을 만들기 유리합니다.

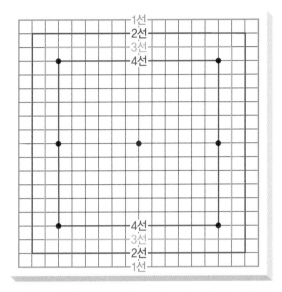

1선은 **사망선**으로 1선에 두어도 집이 생기지 않습니다. 2선은 집이 너무 적게 생겨 **패망선**이라고 부릅니다.

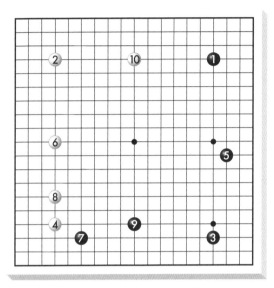

초반의 포석은 **3선**과 **4선**에 주로 둡니다. 3선은 안정적으로 집이 생기기 때문에 **실리선**이라고 부르며, 4선은 집도 지으면서 중앙 진출까지 노리는 선이기에 **세력선**이라고 부릅니다.

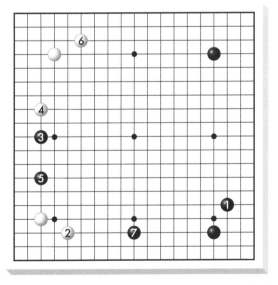

이처럼 초반 포석에서는 3선과 4선에서 한 칸과 두 칸, 때로는 좀 더 넓게 영토를 확장해 가는 것이 유리합니다.

1선과 2선은 끝내기 단계에서 많이 사용해요.

5선부터는 집을 짓는 것이 너무 허술하기 때문에 초반에는 잘 사용하지 않아요.

초반 연습

다음 기보를 바둑판에 순서대로 놓아 보며 포석 두는 방법을 익혀 봅시다.

초반 포석 단계에서는 집짓기에 좋은 땅을 최대한 넓게 차지해 두는 것이 좋아요!

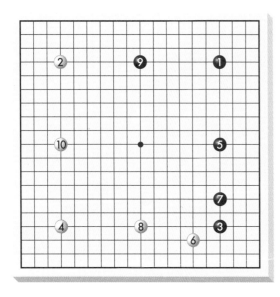

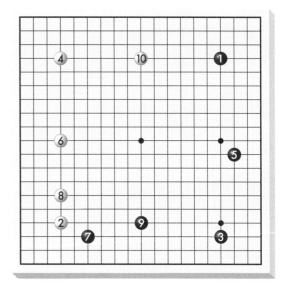

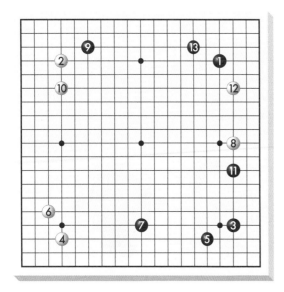

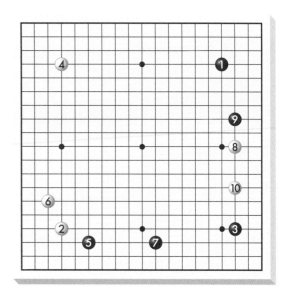

🐾 흑은 Ⓐ와 Ⓑ 중 어느 곳에 두는 것이 좋을지 골라 봅시다.

1 ☐ A ☐ B

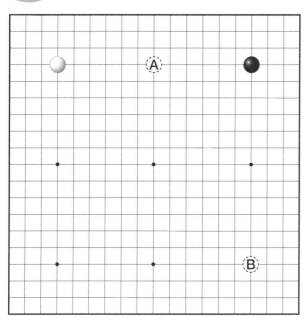

2 ☐ A ☐ B

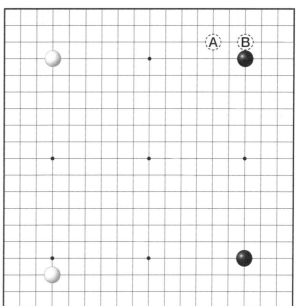

3 ☐ A ☐ B

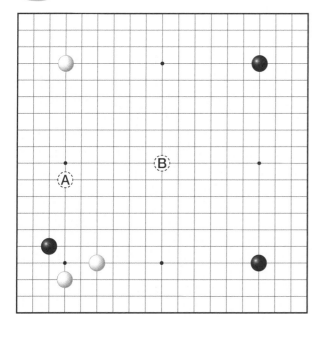

4 ☐ A ☐ B

실력이 탄탄

😺 흑은 Ⓐ와 Ⓑ 중 어느 곳에 두는 것이 좋을지 골라 봅시다.

5 ☐ A ☐ B

6 ☐ A ☐ B

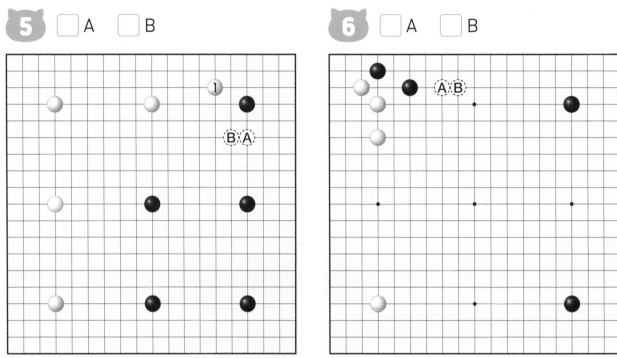

7 ☐ A ☐ B

8 ☐ A ☐ B

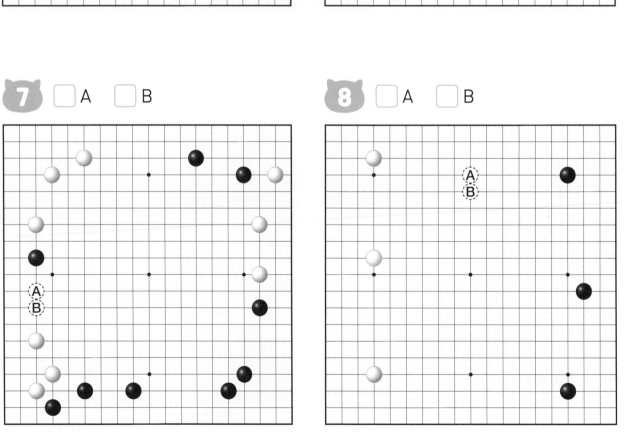

흑과 백 중 포석을 잘하고 있는 쪽을 골라 봅시다.

9 ☐ 백 ☐ 흑   **10** ☐ 백 ☐ 흑

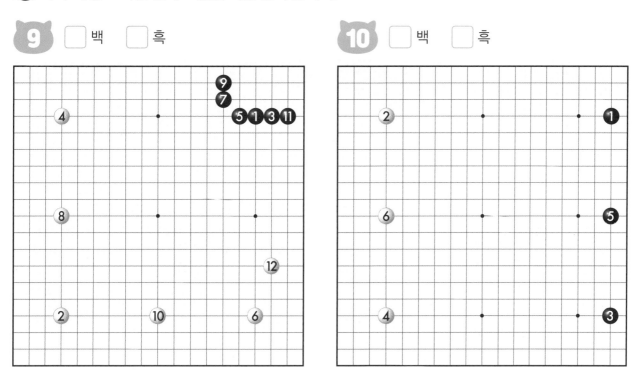

11 ☐ 백 ☐ 흑   **12** ☐ 백 ☐ 흑

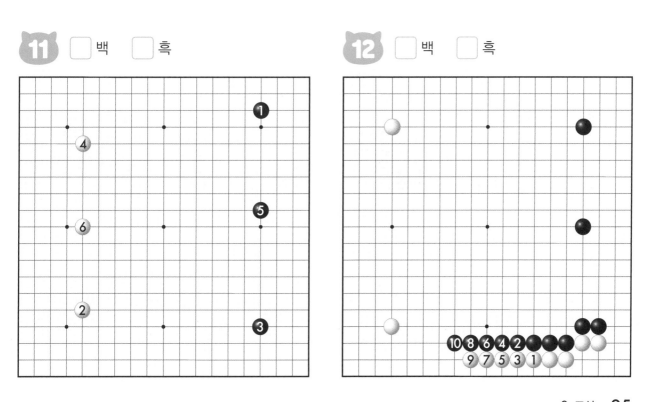

🐟 바둑판 이야기를 보고, 다음 질문에 답해 봅시다.

💜 자기 자신을 존중하려면 어떤 자세를 가져야 할지 써 봅시다.

세계 속의 바둑

서양에서 처음 바둑에 관심을 보인 사람들은 주로 체스나 동양 문화를 좋아하는 일부의 사람들이었습니다. 특히 서양에서는 바둑을 동양의 철학이 깃들어 있는 '지성의 게임'으로 여기며, 심오한 동양 문화의 하나로 인식하고 있습니다. 세계 바둑 기구인 국제바둑연맹(IGF) 조사에 따르면 2022년을 기준으로 전 세계에서 바둑을 즐기는 인구는 약 1억만 명 이상으로, 매년 증가하는 추세입니다. 이처럼 바둑이 전 세계 사람들의 사랑을 받게 된 것은 바둑을 보급하기 위한 우리나라, 중국, 일본의 노력이 있었기 때문입니다.

중국에서는 바둑을 배우는 어린이 수가 약 2,800만 명(2012년 발표 기준) 정도로 바둑의 인기와 바둑 교육의 열기가 높습니다. 특히 바둑과 관련된 만화 영화들이 만들어지면서 사람들에게 바둑이 널리 알려지게 되었다고 합니다. 일본에서 바둑은 정점을 이루던 1980년대 이후 점차 인기가 떨어졌지만 바둑 만화인 '고스트 바둑왕'의 영향으로 다시 바둑을 두는 사람들이 늘어났습니다.

우리나라의 한국기원에서는 2008년부터 정부 지원 사업으로 아시아, 아프리카, 유럽, 아메리카, 오세아니아 등 전 세계에 프로 기사와 국제 바둑 지도자를 파견하여 한국 바둑을 널리 알리고 있습니다. 앞으로 바둑을 두는 나라는 점점 늘어나고 그만큼 바둑의 인기도 더욱 높아지겠죠?

10 굳힘과 걸침

이 단원을 배우면!

- 내가 귀를 착점했을 때 지키는 방법을 알 수 있어요.
- 상대가 귀를 착점했을 때 다가서는 방법을 알 수 있어요.
- 인성 바둑을 통해 반성하는 자세를 지닐 수 있어요.

오늘 배울 내용을 생각해 보며, 그림을 살펴봅시다.

💡 내 땅을 잘 지켜야 한다.

만화로 배우는 바둑

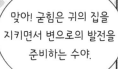

귀 굳힘 – 화점

귀에 위치한 돌에서 집을 굳히기 위하여 두는 수를 굳힘이라고 합니다. 귀의 착점 중 화점이 놓여 있을 때 굳힘의 위치를 알아봅시다.

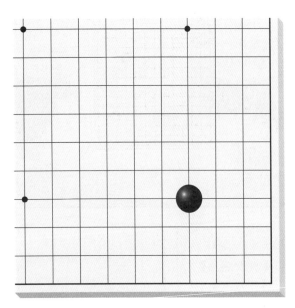

귀의 착점 중 화점이 놓여 있을 때, 흑이 먼저 둔다면 어떻게 두어 가는 것이 좋을까요?

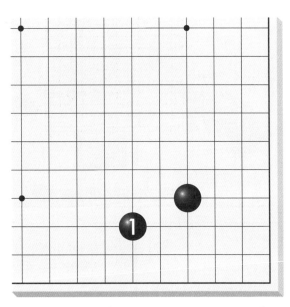

❶처럼 날일자로 벌려 두는 것이 좋습니다. ❶에 두면 우하귀는 흑집으로 굳어질 가능성이 커지기 때문입니다.

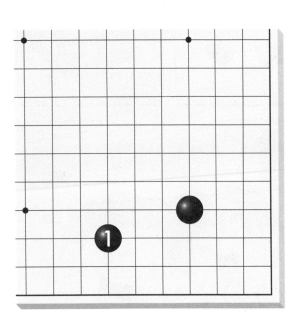

변을 중요시할 때는 ❶처럼 눈목자로, 한 칸 더 벌려서 굳힐 수도 있습니다.

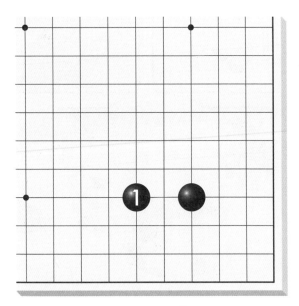

중앙과 세력을 중요시할 때는 ❶과 같이 한 칸으로 굳히는 방법도 있지만, 화점에서 가장 많이 사용하는 굳힘은 3선 날일자 굳힘입니다.

귀 굳힘 - 소목

귀의 착점 중 소목이 놓여 있을 때 굳힘의 위치를 알아봅시다.

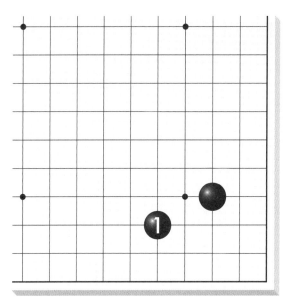

귀의 착점 중 소목이 놓여 있을 때, 흑이 먼저 둔다면 ❶처럼 날일자 굳힘을 가장 많이 사용합니다. 이 수로 우하귀가 흑집으로 굳어지기 때문입니다.

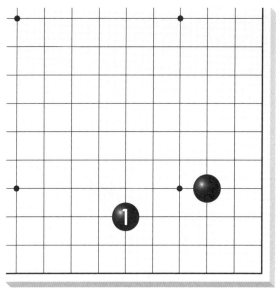

변을 중요시할 때는 ❶처럼 한 칸 더 벌려서 눈목자로 굳힐 수도 있지만, 눈목자 굳힘은 날일자 굳힘에 비해 귀의 약점이 남습니다.

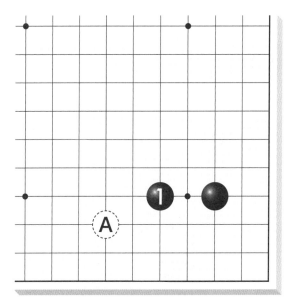

소목에서는 ❶처럼 세력을 중요시하는 한 칸 굳힘도 많이 사용합니다. ⒜의 뒷문이 열려 있지만, 그만큼 발전 가능성도 크기 때문입니다.

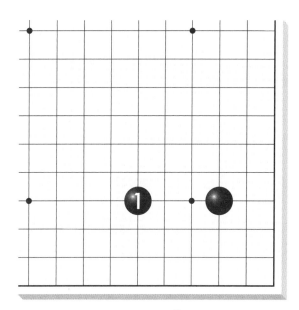

최근에는 알파고의 영향으로 ❶과 같은 두 칸 굳힘도 자주 쓰입니다.

걸침 – 화점

귀를 먼저 차지하고 있는 상대의 돌에 대하여 굳힘을 방해하기 위해 두는 수를 걸침이라고 합니다. 상대의 돌이 화점을 차지하고 있을 때 걸침의 위치를 알아봅시다.

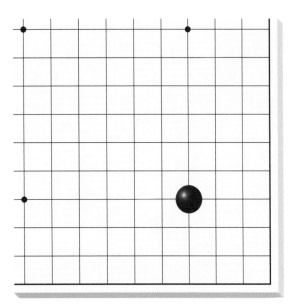

흑이 화점을 차지하고 있을 때, 백이 흑의 굳힘을 방해하려면 어떻게 두는 것이 좋을까요?

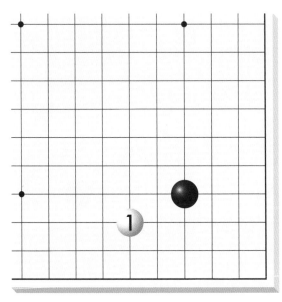

①과 같이 날일자로 다가가는 것이 가장 좋은 방법으로, 90% 이상이 날일자 걸침을 사용합니다.

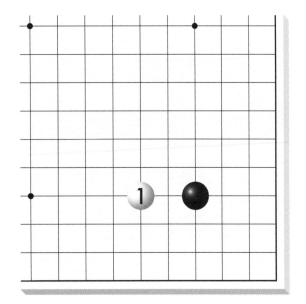

경우에 따라서는 ①처럼 한 칸으로 걸쳐 가기도 합니다.

화점에서 귀 걸침은 보통 이렇게 두 가지를 사용해요.

걸침 - 소목

상대의 돌이 소목을 차지하고 있을 때 걸침의 위치를 알아봅시다.

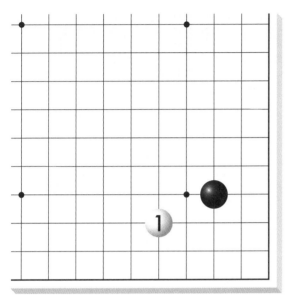

소목에서는 어떻게 걸쳐 가는 것이 좋을까요? 화점과 마찬가지로 ①처럼 날일자 걸침이 있습니다.

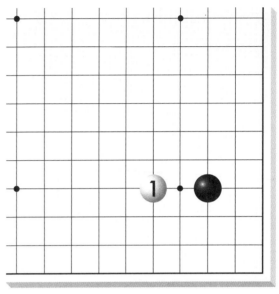

①처럼 한 칸 걸침도 있습니다. 날일자 걸침과 함께 소목에서 가장 많이 사용하는 걸침입니다.

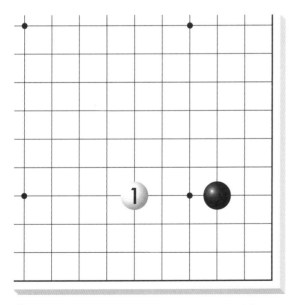

①처럼 두 칸 걸침도 있습니다. 귀보다는 변을 중요시하는 걸침입니다.

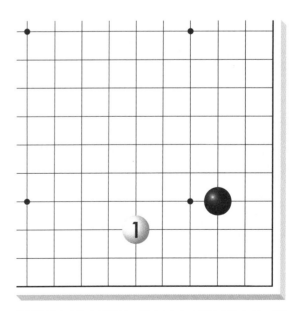

①처럼 눈목자 걸침도 있습니다. 역시 귀보다는 변을 중요시하면서 실리를 추구하는 걸침입니다.

흑 ❶은 어떤 굳힘인지 ✔표를 해 봅시다.

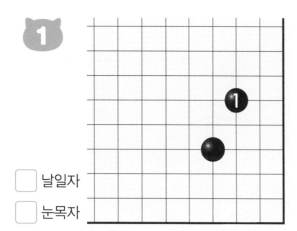

- 날일자
- 눈목자

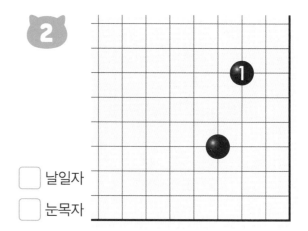

- 날일자
- 눈목자

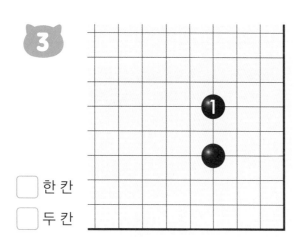

- 한 칸
- 두 칸

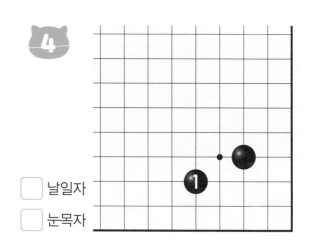

- 날일자
- 눈목자

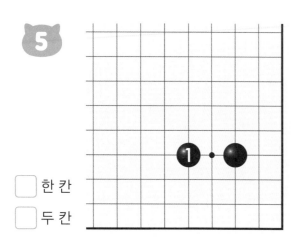

- 한 칸
- 두 칸

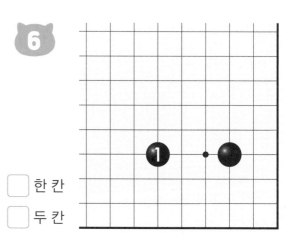

- 한 칸
- 두 칸

🐟 흑 ❶은 어떤 걸침인지 ✔표를 해 봅시다.

7

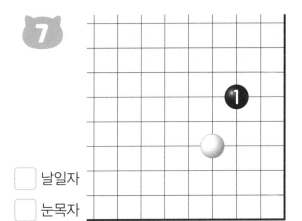

☐ 날일자
☐ 눈목자

8

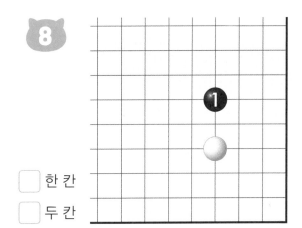

☐ 한 칸
☐ 두 칸

9

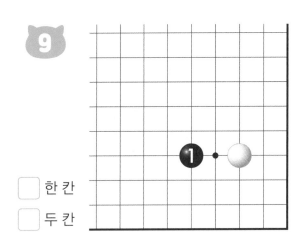

☐ 한 칸
☐ 두 칸

10

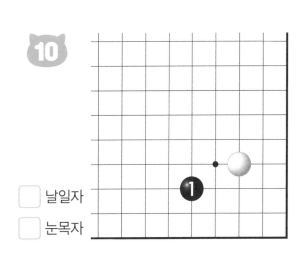

☐ 날일자
☐ 눈목자

11

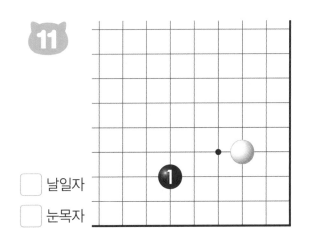

☐ 날일자
☐ 눈목자

12

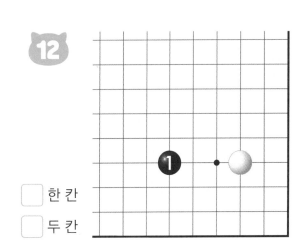

☐ 한 칸
☐ 두 칸

🐟 바둑판에 흑돌을 그려 넣어 굳힘을 해 봅시다.

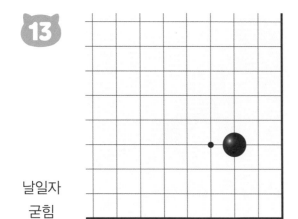

13 날일자
굳힘

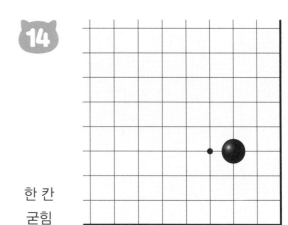

14 한 칸
굳힘

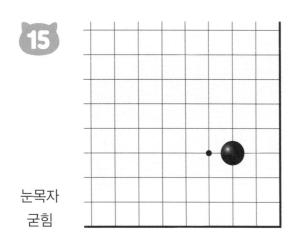

15 눈목자
굳힘

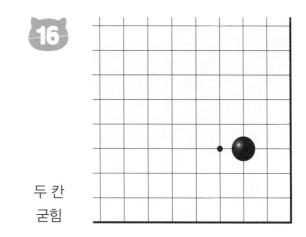

16 두 칸
굳힘

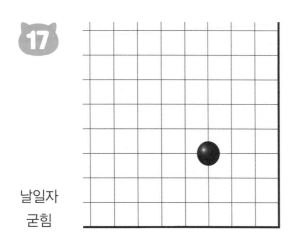

17 날일자
굳힘

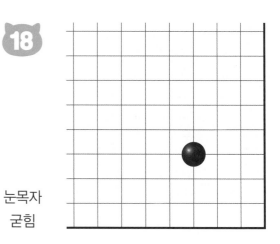

18 눈목자
굳힘

 바둑판에 흑돌을 그려 넣어 걸침을 해 봅시다.

19 날일자
걸침

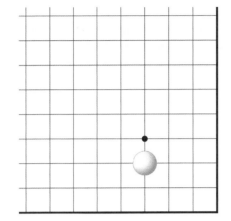

20 눈목자
걸침

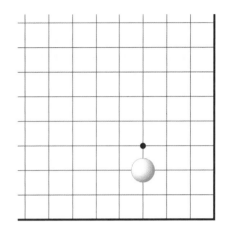

21 두 칸
걸침

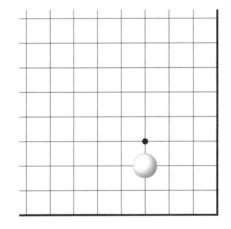

22 한 칸
걸침

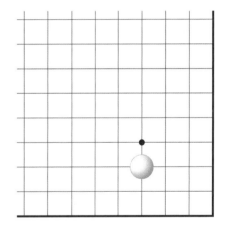

23 날일자
걸침

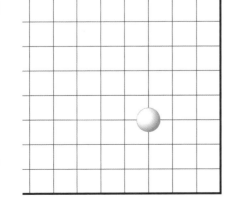

24 한 칸
걸침

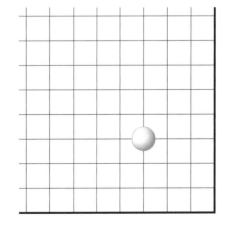

아래 바둑판에 수순을 적어 가며 바둑을 두어 봅시다. 바둑이 끝난 후 선생님과 함께 복기*를 나누며 서로 잘 둔 수와 잘못 둔 수를 찾아봅시다.

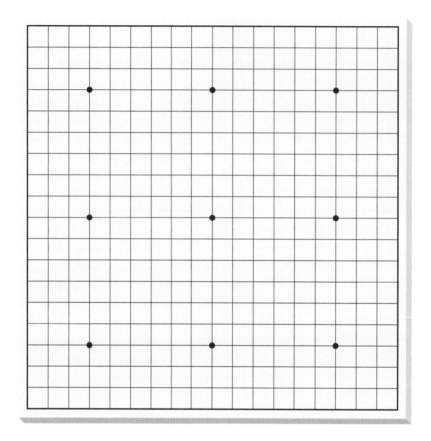

1, 2, 3… 수순을 표시하고, 백이 둔 수에는 ○를 그려 흑과 백을 구분해 보아요.

* **복기** 바둑이 끝난 뒤에 두 대국자가 처음부터 두었던 그대로 다시 돌을 놓으며 서로의 의견을 주고받는 일.

복기한 내용을 바탕으로 반성 일기를 써 봅시다.

＿＿＿＿년 ＿＿월 ＿＿일 ＿＿＿요일 날씨: ☀ ☁ ☂ ☃

＿＿＿＿＿＿＿＿＿＿＿＿＿＿＿＿＿＿＿＿＿＿＿＿＿＿＿＿＿＿＿＿＿＿＿＿＿

＿＿＿＿＿＿＿＿＿＿＿＿＿＿＿＿＿＿＿＿＿＿＿＿＿＿＿＿＿＿＿＿＿＿＿＿＿

＿＿＿＿＿＿＿＿＿＿＿＿＿＿＿＿＿＿＿＿＿＿＿＿＿＿＿＿＿＿＿＿＿＿＿＿＿

＿＿＿＿＿＿＿＿＿＿＿＿＿＿＿＿＿＿＿＿＿＿＿＿＿＿＿＿＿＿＿＿＿＿＿＿＿

인공 지능 바둑

'알파고' 이후 각국의 인공 지능 바둑 프로그램 개발 경쟁이 치열해졌습니다. 현재 중국의 '줴이'와 '골락시'가 알파고 다음으로 최강 실력을 자랑하고 있고, 우리나라의 '한돌', '바둑이'도 그 뒤를 바짝 쫓고 있습니다. 미국에는 '엘프고'와 '미니고', 벨기에는 '릴라제로', 북한에는 '은별'이라는 인공 지능 바둑 프로그램이 있고, 일본에는 '딥젠고'와 보급형 버전인 '젠'이 있으며, 최근에는 'AQZ'가 일본을 대표하고 있습니다.

세계 각국에서 다양한 인공 지능 바둑 프로그램이 개발되면서 과연 인공 지능과 프로 기사의 적절한 치수*는 어떻게 될지도 관심을 끌고 있습니다. 현재 중국 최강의 기사로 인정받고 있는 커제 9단은 2018년 4월, 골락시와의 공개 기념 대국에서 백돌을 쥐고 대국을 펼쳤다가 145수만에 패배를 인정하기도 했습니다.

전문가들은 인간 고수 대 인공 지능 간의 적정 치수를 3점 정도로 보고 있습니다. 프로 기사들은 "3점이 한계이고, 4점으로는 인간이 인공 지능에 지는 일은 절대로 없을 것"이라고 입을 모읍니다. 왜냐하면 4점은 네 곳의 귀를 모두 차지하고 시작해 3점보다 훨씬 유리하기 때문입니다. 하지만 인공 지능의 무서운 발전 속도로 볼 때 앞으로 무슨 일이 벌어질지는 아무도 모릅니다. 인간과 인공 지능 간의 치수는 앞으로 어떻게 변할까요? 과연 인간이 최후의 방어벽으로 삼은 4점을 지켜낼 수 있을까요?

＊치수(置數) 실력이 약한 쪽이 바둑을 두기 전에 미리 접히고 두는, 실력의 차이를 나타내는 돌의 수.

11 바둑 격언

이 단원을 배우면!

- 여러 가지 바둑 격언을 배울 수 있어요.
- 기본적인 바둑 격언을 통해 바둑의 원리를 익힐 수 있어요.

(인성) 바둑을 두며 인내심을 기를 수 있어요.

 오늘 배울 내용을 생각해 보며, 그림을 살펴봅시다.

바둑 격언만 알아도 1급!

만화로 배우는 바둑

한돌아, 너무 좁게 벌린 것 같은데?

그래?

헤헤…

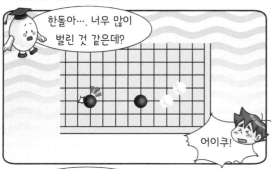

한돌아… 너무 많이 벌린 것 같은데?

어이쿠!

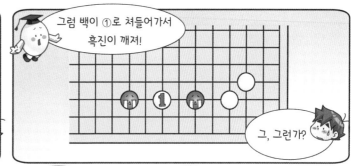

그럼 백이 ①로 쳐들어가서 흑진이 깨져!

그, 그런가?

이럴 땐 바둑 격언을 떠올리면 쉬워!

바둑 격언?

응. 기본적인 행마법을 알기 쉽게 표현한 거야.

지금은 '일립이전'이라는 격언이 딱이지!

일립이전? 그게 무슨 뜻인데?

돌이 한 개 있을 때는 두 칸을 벌리는 것이 적당하다는 뜻이야.

아하!

두 칸 벌려야지!

아니! 지금은 '이립삼전'이야! 돌이 두 개가 서 있을 때는 세 칸 벌리는 게 좋아!

오호! 오늘부터 격언을 다 외워 두겠어!

바둑격언사전

하하하

11. 바둑 격언 • 111

붙이면 젖혀라, 젖히면 늘어라.

바둑에는 지혜가 담긴 수많은 격언들이 있습니다.
기본적인 바둑 격언을 통해 바둑의 원리를 익혀 봅시다.

'젖히면 뻗어라.'라고도
표현해요! 바둑에서 '늘다.'와
'뻗다.'는 같은 말이랍니다.

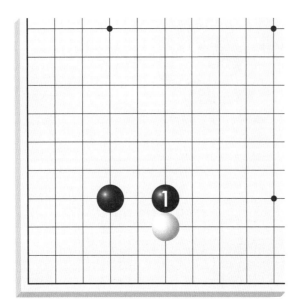

바둑에서 붙인다는 것은 돌과 돌이 맞닿게 두는 것
을 말합니다. 흑이 ❶로 붙여 왔을 때, 백은 어떻게
응수하는 것이 좋을까요?

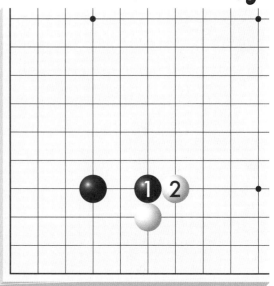

②처럼 나란히 붙어 있는 상대방 돌의 머리에 두는
것을 **젖힘**이라고 합니다. 상대가 붙였을 때는 젖혀
서 응수하는 것이 유리해서 '**붙이면 젖혀라.**'라는 격
언이 생겼습니다.

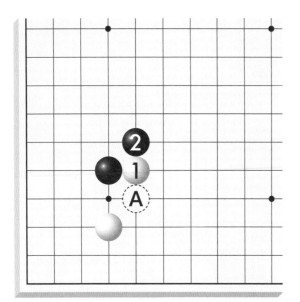

백이 ①로 붙이면 흑은 ❷로 젖히는 것이 올바른
방향입니다. Ⓐ로 젖히면 상대방이 끊어 오기 때문
입니다.

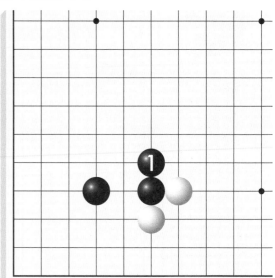

백이 젖히면 흑은 ❶처럼 늘어서 둡니다. '는다.'는
돌 하나를 더 이어 놓는 것입니다. 젖혔을 때 늘어서
연결하는 것이 유리해서 '**젖히면 늘어라.**'라는 격언
이 생겼습니다.

일립이전

돌을 안정시키고 집을 짓기 위해서는 벌려야 합니다. 일립이전은 돌 하나가 서 있으면 두 칸을 벌리라는 격언입니다.

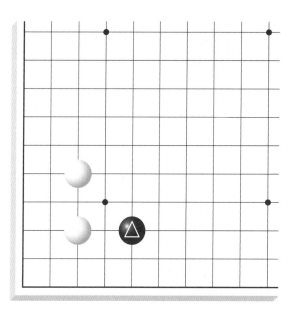

△를 기준으로 어느 정도 벌리는 것이 좋을까요?

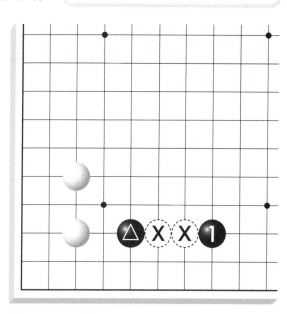

△가 있으면 ❶처럼 두 칸을 벌리면 됩니다. 이를 **일립이전**이라고 합니다.

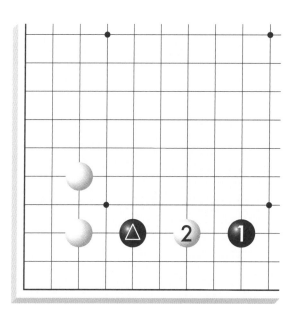

만약 욕심을 내어 ❶처럼 세 칸을 벌리면 어떻게 될까요? 그럼 ②의 침입을 당해 흑돌은 서로 끊어집니다.

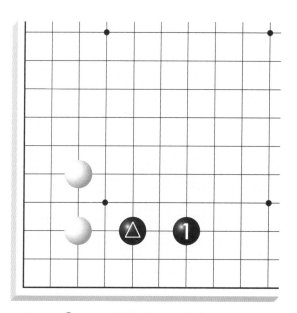

그렇다면 ❶과 같이 한 칸만 벌리면 어떨까요? 한 칸은 간격이 좁아 효율성이 떨어집니다. 그래서 일립이전이라는 격언이 생겼습니다.

이립삼전

이립삼전은 돌 두 개가 서 있으면 세 칸을 벌리라는 격언입니다.

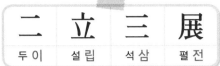
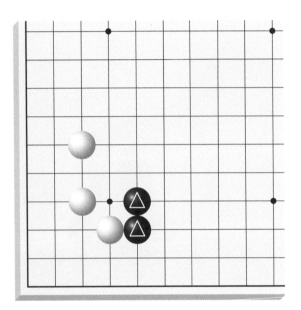

▲처럼 돌이 두 개가 있을 땐 몇 칸을 벌리는 것이 좋을까요?

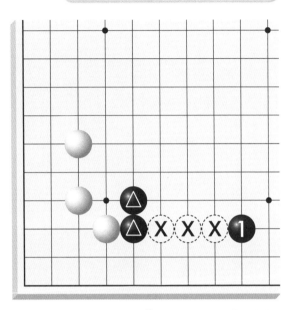

돌이 **두 개**가 서 있으면 ❶과 같이 **세 칸**을 벌리는 것이 좋습니다. 이를 **이립삼전**이라고 합니다.

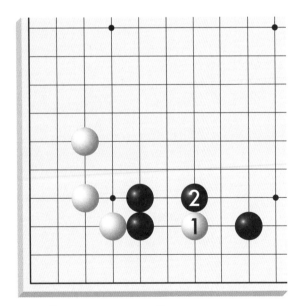

백이 ①로 침입하면 흑은 ❷로 포위할 수 있습니다.

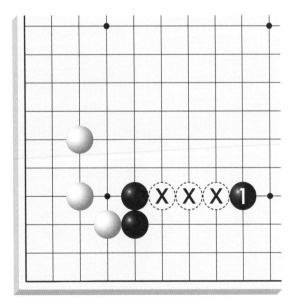

❶처럼 높은 세 칸으로 벌리는 것도 가능합니다. 3선과 4선은 모두 초반에 둘 수 있는 좋은 선입니다.

백이 △로 붙여 오면, 흑은 Ⓐ와 Ⓑ 중 어느 쪽으로 젖혀야 할지 ✔표를 해 봅시다.

1

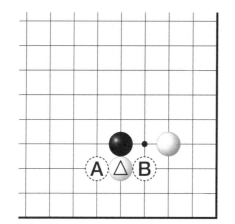

☐ A
☐ B

2

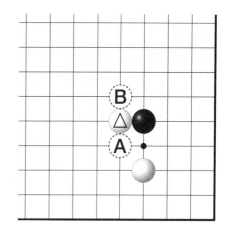

☐ A
☐ B

3

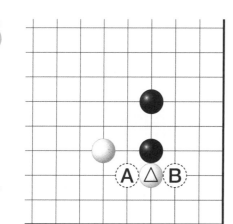

☐ A
☐ B

4

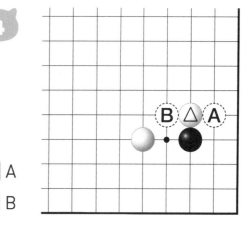

☐ A
☐ B

5

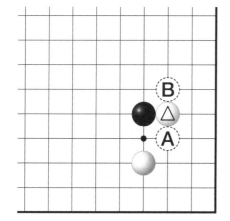

☐ A
☐ B

도전
6

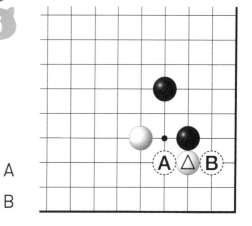

☐ A
☐ B

🐟 백이 △로 젖혀 오면, 흑은 Ⓐ와 Ⓑ 중 어디에 두어야 할지 ✔표를 해 봅시다.

7

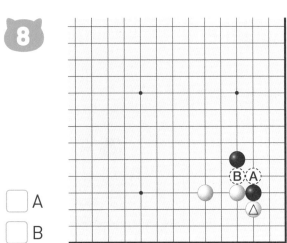

☐ A
☐ B

8

☐ A
☐ B

9

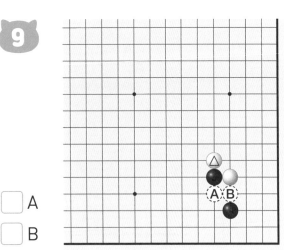

☐ A
☐ B

10

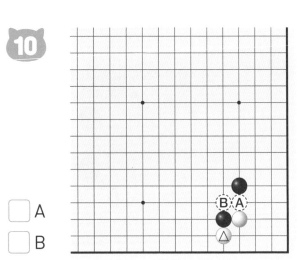

☐ A
☐ B

11

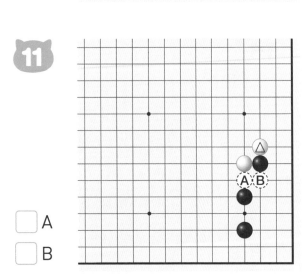

☐ A
☐ B

✗ **도전**

12

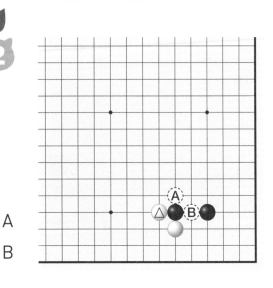

☐ A
☐ B

흑은 Ⓐ와 Ⓑ 중 어느 쪽으로 벌려야 할지 ✔표를 해 봅시다.

 13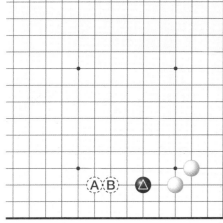

A
B

14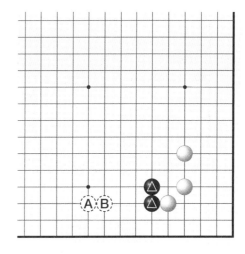

A
B

15

A
B

16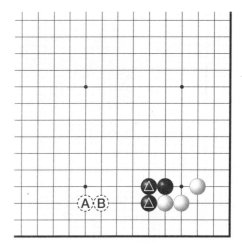

A
B

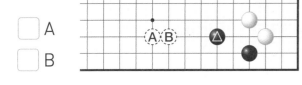

 도전

17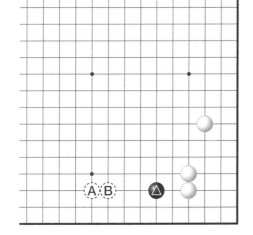

A
B

18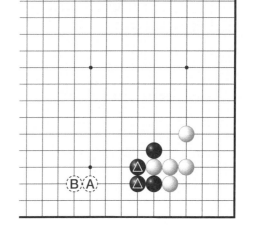

A
B

마음이 쑥쑥

관우 장군 이야기를 보고, 다음 질문에 답해 봅시다.

바둑을 배우며 인내심을 기른 경험을 써 봅시다.

북한과 바둑

북한에서도 바둑을 즐겨 둔다는 사실, 알고 있나요? 2008년, 베이징에서 최초의 두뇌 스포츠 올림픽인 '제1회 세계 마인드 스포츠 게임즈(WMSG)'가 열렸습니다. 이 대회의 바둑 종목에 북한 선수들이 참가하여 뛰어난 성적으로 눈길을 끌었습니다. 북한에서는 아직 프로 제도가 없지만, 실력이 좋은 아마추어 선수들이 국가 대표팀을 꾸려 국제 대회에서 좋은 성적을 거두며 집중 훈련을 하고 있습니다.

북한에서는 바둑을 '두뇌 무술'로 여겨 태권도, 씨름 등과 함께 무도의 범주로 분류합니다. 북한의 바둑 인구는 현재 약 3만여 명으로 추정됩니다. 북한에서는 바둑이 어린이들의 집중력, 사고력, 상상력 등 지능 계발에 도움이 된다고 하여 바둑 교육을 장려하고 있으며, 바둑의 인기도 점차 높아져 특히 4~5세 어린이를 포함한 '영재 바둑'이 붐을 일으키고 있다고 합니다.

북한은 한자어를 우리말로 바꿔 사용하기 때문에 재미있는 바둑 용어가 많습니다. 바둑판에서 우리가 '화점'이라고 부르는 자리를 북한에서는 '별'이라고 부르고, '고목'은 '웃별', '소목'은 '아랫별'이라고 부릅니다. 언젠가는 재미난 이름을 서로 비교해 보며 북한의 친구들과 함께 바둑을 두어 볼 수 있는 날이 오지 않을까요?

12 끝내기와 계가

- 끝내기하는 방법과 공배의 의미를 알 수 있어요.
- 스스로 계가하고 승패를 확인할 수 있어요.
- 인성 바둑을 두며 창의력과 상상력을 키울 수 있어요.

오늘 배울 내용을 생각해 보며, 그림을 살펴봅시다.

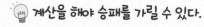
계산을 해야 승패를 가릴 수 있다.

만화로 배우는 바둑

자, 이제 다 뒀으니 계가를 해 볼까?

잠깐! 아직 끝내기가 남았어!

하하

어디? 어디?

두리번 두리번

백이 ①에 두면 흑이 ❷로 막아야 하는데, 그럼 흑집을 1집 줄일 수 있어.

아! 그렇구나!

반대로 흑이 먼저 ① 자리에 두면 1집을 늘릴 수 있지.

그럼 여기는?

좋은 질문이야! 거기는 누가 두어도 집이 줄어들거나 늘어나지 않아. 그런 자리를 공배라고 해.

오호! 이럴 때 필요한 건 무엇이다? 스피드!

탁탁

한돌아, 공배는 집과 관련이 없지만 한 사람씩 차례로 메워야 해.

공배도 두 번 두면 반칙이라고!

으하하하하! 반칙패네! 오늘도 내가 이겼다!

꽁

까르르~

끝내기

바둑이 끝나가는 후반부에 서로 집의 경계선을 확정 짓기 위해 마무리하는 과정을 끝내기라고
합니다. 끝내기 단계는 내 집을 최대한 늘리고, 상대의 집은 최대한 줄이는 것을 목표로 합니다.

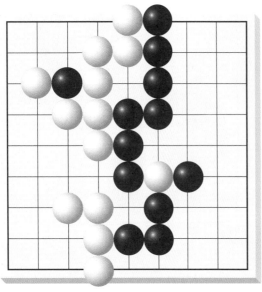

이 그림에서 흑이 백집을 줄일 수 있는 곳은 어디
일까요?

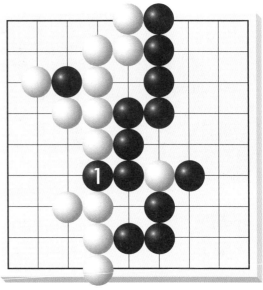

❶처럼 찔러 들어가면 백집을 줄일 수 있습니다.

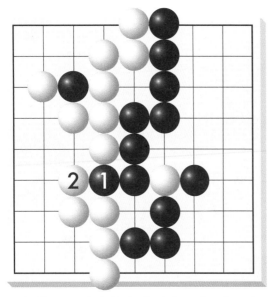

백은 ②로 막아서 흑이 더 이상 들어오지 못하도
록 해야 합니다. 이렇게 되면 백이 ❶의 자리에 두
는 것과 비교하여 백집이 한 집 줄어듭니다.

찌르기는 상대의 집을
줄이기 위한 가장 기본
적인 방법이에요.

상대의 집 경계선에
있는 빈틈을 찾아
그곳으로 찌르고
들어가는 것이죠.

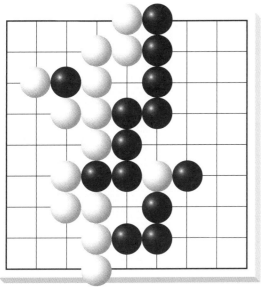

흑집의 경계선에서 아직 결정되지 않은 곳은 어디
일까요?

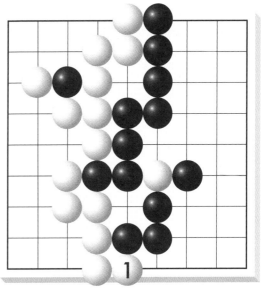

백이 ①로 들어온다면 흑집이 줄어듭니다.

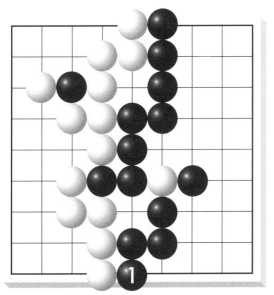

흑이 둘 차례라면 ❶로 막아 경계선을 지킬 수 있
습니다. 그럼 백이 ❶의 자리에 들어오는 것과 비
교했을 때 한 집을 늘릴 수 있습니다.

상대가 내 집의 빈틈으로
들어오지 못하도록 먼저
지키면 내 집이 줄어드는
것을 막을 수 있어요.

겨우 한두 집 정도라고
생각할 수 있지만, 바둑에선
한 집 때문에 승패가
뒤바뀌는 경우도 많아요.

공배란 흑집과 백집의 경계선에 맞닿아 있는 빈 공간입니다. 집의 가치가 없는 곳이기 때문에 가장 마지막 단계에 한 수씩 번갈아 메웁니다.

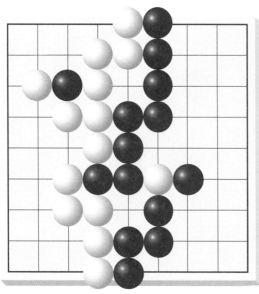

이 그림에서 공배를 찾아봅시다.

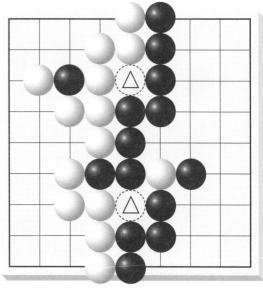

△ 표시된 자리가 바로 공배입니다. 이곳은 흑과 백, 누가 두더라도 서로의 집이 늘어나거나 줄어드는 데 영향을 미치지 않습니다.

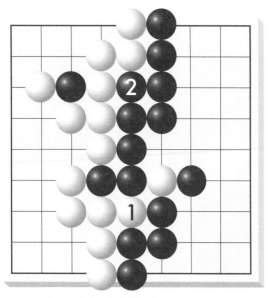

따라서 흑과 백이 각각 ①과 ❷로 번갈아 공배를 메우면 더 이상 둘 곳이 없으므로 대국이 종료됩니다.

공배는 집과 상관이 없지만, 아직 바둑이 끝난 것이 아니므로 흑백이 한 수씩 번갈아 메워야 해요.

공배를 메우는 이유는 집으로 착각하지 않기 위해서예요.

계가

마지막 공배를 메우고 난 후 더 이상 둘 곳이 없으면 서로의 집을 계산하는데, 이를 계가라고 합니다. 계가는 총 4단계로 진행됩니다.

計	家
셀 계	집 가

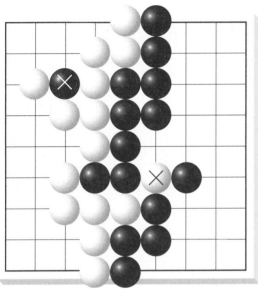

1단계: 먼저 내 집에 있는 상대의 죽은 돌을 찾아 들어내 따낸 돌을 보관하는 돌 뚜껑으로 이동시킵니다.

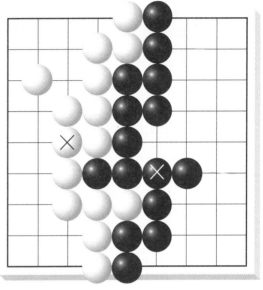

2단계: 내가 잡은 돌로 상대방의 집을 메웁니다. ⊗와 ❌는 앞에 잡혀 있던 포로를 흑백의 집에 메운 모습입니다.

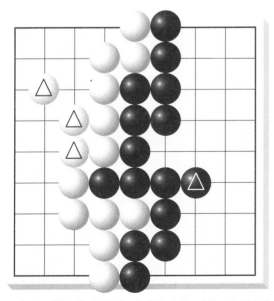

3단계: 집을 세기 쉽게 정리합니다. 집을 정리하기 위해서 돌들을 이동시킵니다. 옆의 참고도가 △와 ▲를 이동시킨 후의 모습입니다.

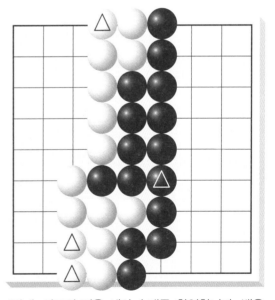

4단계: 서로의 집을 세어 승패를 확인합니다. 백은 23집, 흑은 28집이지만, 흑이 백에게 6집 반의 덤을 주기 때문에 백이 1집 반 승리를 거둔 결과입니다.

🐱 백이 △로 두어 왔습니다. 흑으로 막아 경계선을 마무리해 봅시다.

1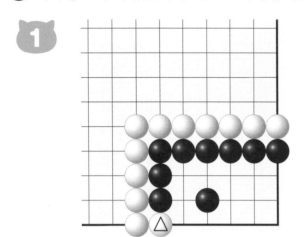

2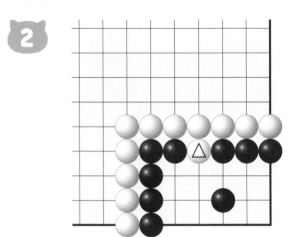

3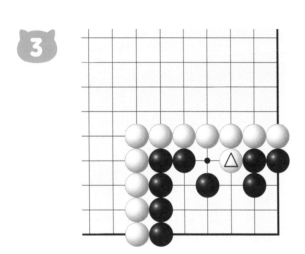

4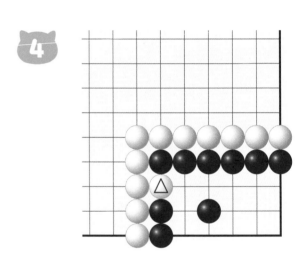

5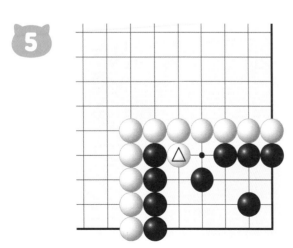

도전 **6**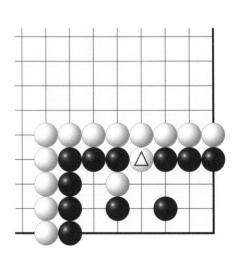

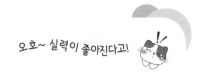

🐟 공배 3개씩을 찾아 X표를 해 봅시다.

7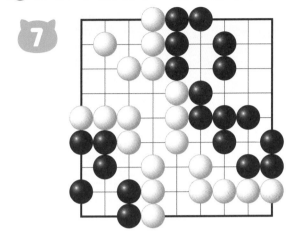

8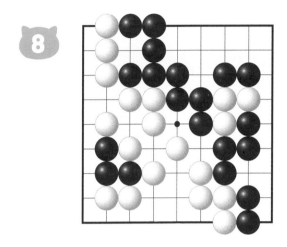

9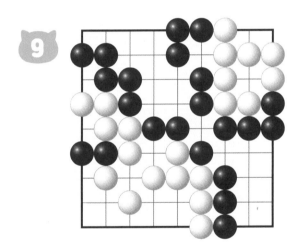

10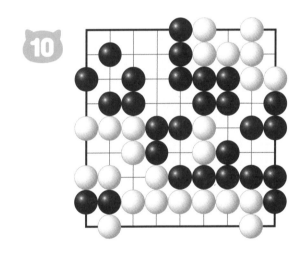

11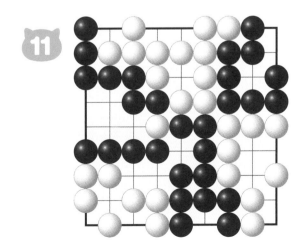

12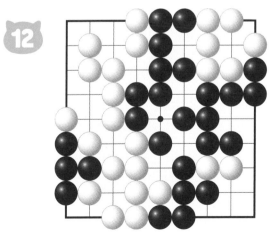

🐟 대국을 마친 모습입니다. 흑집과 백집 속의 죽은 돌을 찾아 X표를 해 봅시다.

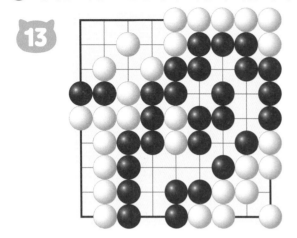

13

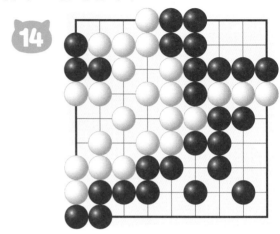

14

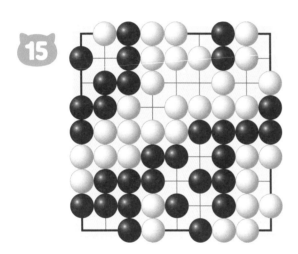

15

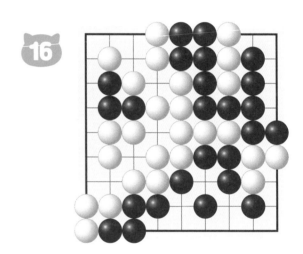

16

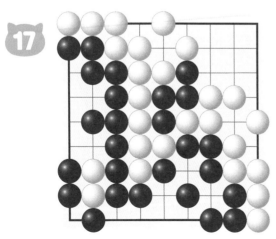

17

도전

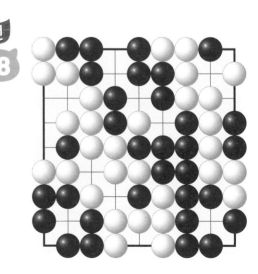

18

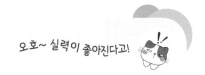

흑집과 백집이 각각 몇 집인지 세어 봅시다.

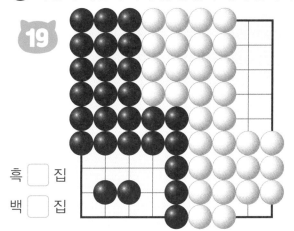

흑 ☐ 집
백 ☐ 집

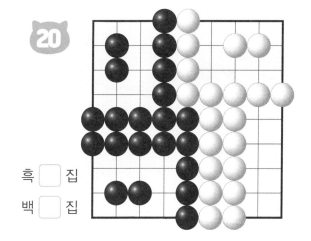

흑 ☐ 집
백 ☐ 집

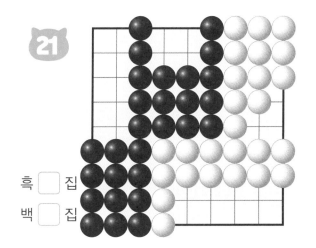

흑 ☐ 집
백 ☐ 집

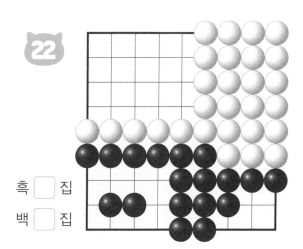

흑 ☐ 집
백 ☐ 집

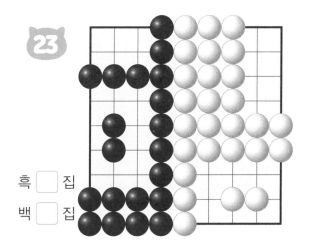

흑 ☐ 집
백 ☐ 집

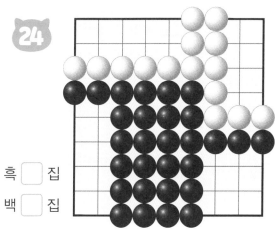

흑 ☐ 집
백 ☐ 집

🐟 그림을 보고, 책임감 있는 사람이 되기 위해 알맞게 바꾸어 써 봅시다.

대국을 마친 후에 일정이 있으면 친구에게 정리를 부탁합니다.

대국을 하다가 불리해지면 친구에게 그만 두고 싶다고 이야기합니다.

💛 책임감 있는 태도로 바둑을 두었던 경험을 써 봅시다.

기풍 이야기

나도 언젠가는 나만의 멋진 기풍을 갖게 되겠지?

'기풍(棋風)'이란 바둑을 둘 때 나타나는 대국자의 독특한 방식이나 개성을 말합니다. 한마디로 '바둑 스타일'이라고 할 수 있습니다. 어떤 사람은 치열한 전투 바둑을 좋아하고, 또 어떤 사람은 평온한 집 바둑을 좋아하는 까닭은 저마다 기풍이 다르기 때문입니다. 기풍을 유형별로 살펴보면, 크게 세력형과 실리형, 공격형과 타개형, 전투형과 수비형으로 나눌 수 있는데, 이세돌 9단은 대표적인 전투형, 이창호 9단은 대표적인 수비형입니다.

특히 1960~1990년대에는 뚜렷한 기풍을 지닌 기사들이 많았습니다. 상대의 아주 작은 틈새를 파고들어 쓰러뜨린다고 하여 '면도날'이라고 불리는가 하면, 귀신같은 계산력을 보여 준다고 해서 '컴퓨터 바둑', 먼저 실리를 차지한 후 상대의 집에 쳐들어가 기막힌 타개로 살아 남는 '폭파 전문가', 화점을 통한 대세력 작전을 펼치던 '우주류', 반대로 3선 이하로만 돌이 간다고 하여 '지하철 바둑'이라는 별명도 있었습니다. 우리나라의 조훈현 9단은 자유자재의 변신력과 화려하고 빠른 행마로 상대를 제압하여 '제비'라는 별명이 붙었고, 이창호 9단은 천천히 기다리고 또 기다리는 바둑을 두어 '돌부처'라는 별명이 붙기도 했습니다.

이 외에도 재미있는 기풍을 가진 기사들이 많았지만, 중요한 것은 자기만의 뚜렷한 개성을 지닌 기사들이 결국 정상에 올라섰다는 점입니다. 내가 좋아하는 바둑 스타일은 무엇인가요? 우리도 자신만의 스타일을 찾아 멋진 별명을 붙여 볼까요?

바둑알 캐릭터 흑돌이와 백돌이는 임현진 작가의 작품으로, 한국기원과 의정부시가 주관한 '2021 의정부 바둑 페스티벌 바둑 콘텐츠 공모전'에서 당선되었습니다.

초등 창의 인성 바둑 교과서 ❷

© 한국기원 미래교육콘텐츠팀 2024

개정판 1판 1쇄 인쇄 2024년 2월 28일 | **개정판 1판 1쇄 발행** 2024년 3월 8일

지은이 한국기원 미래교육콘텐츠팀
기획 및 구성 총괄 한국기원 강나연
그림 이탁근, 김희선, 임현진, 김태형, 송영훈
감수 신진서, 최정
펴낸이 황상욱

책임 편집 박재형 | **편집** 박성미 | **외주 편집** 김나현, 기주영
내지 디자인 이혜진 | **표지 디자인** 김용남, 이혜진
마케팅 윤해승, 장동철, 윤두열, 양준철 | **경영지원** 황지욱
제작처 영신사

펴낸곳 ㈜휴먼큐브 | **출판등록** 2015년 7월 24일 제406-2015-000096호
주소 03997 서울시 마포구 월드컵로14길 61 2층
문의전화 02-2039-9462(편집) 02-2039-9463(마케팅) 02-2039-9460(팩스)
전자우편 yun@humancube.kr

내용문의 한국기원 미래교육콘텐츠팀 02-3407-3896

ISBN 979-11-6538-387-9 64690
인스타그램 @humancube_group **페이스북** fb.com/humancube44

어린이제품 안전특별법에 의한 표시사항
제품명 도서 | **제조자명** ㈜휴먼큐브 | **제조국명** 대한민국 | **전화번호** 02-2039-9462
주소 03997 서울특별시 마포구 월드컵로 14길 61 2층 | **제조년월** 2024년 3월 8일
⚠**주의** 책 모서리에 찍히거나 책장에 베이지 않게 조심하세요.

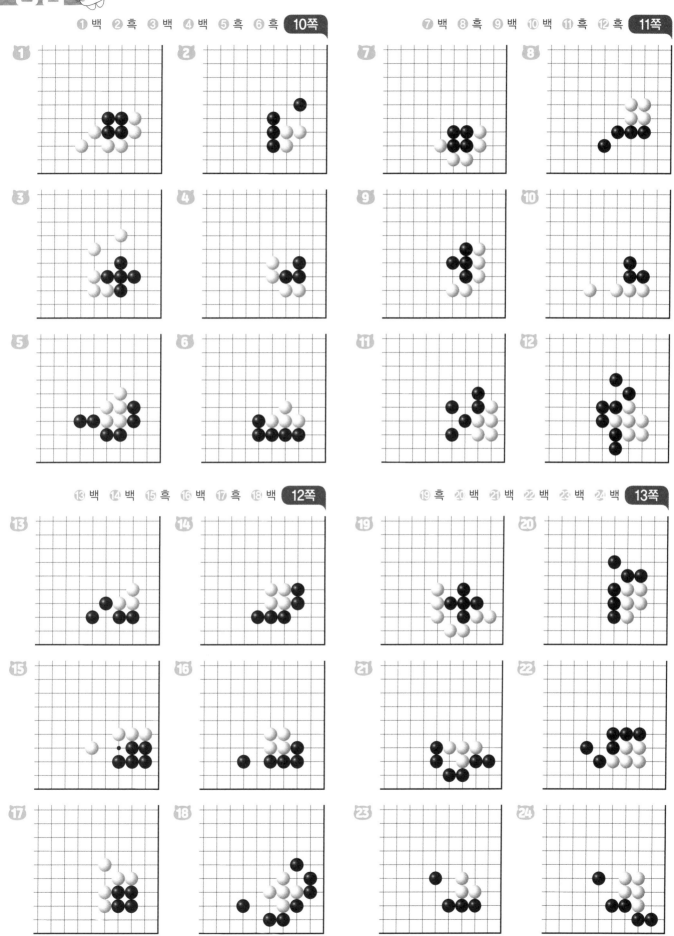

정답

※ 수상전 문제에서 바깥 공배가 여러 개일 경우, 정답이 여러 개일 수 있습니다.

21쪽

1

2

3

4

5

6

7

8

9

10

11

12

22쪽

23쪽

13

14

19

20

15

16

21

22

17

18

23

도전 24

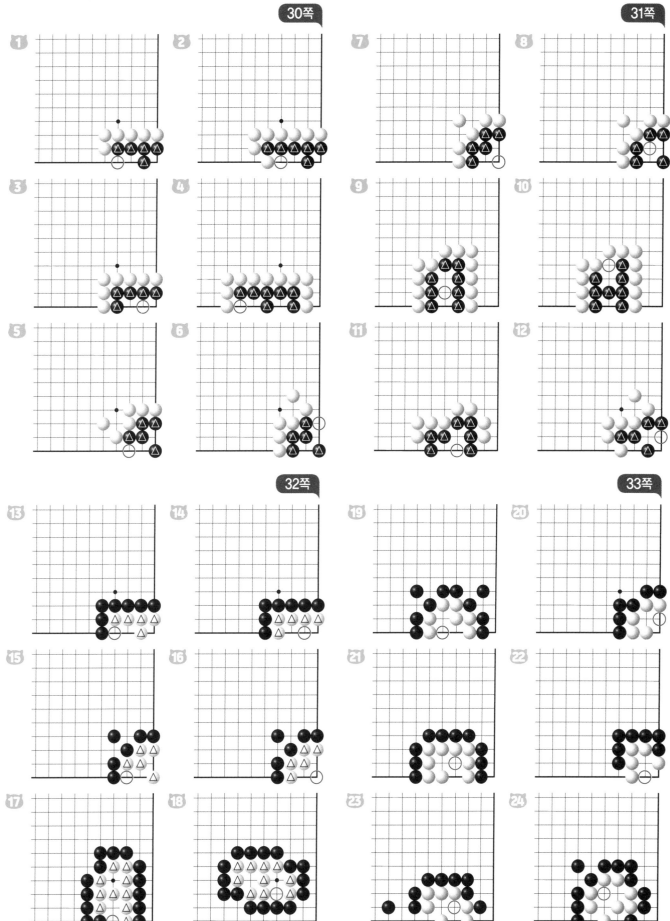

① X ② ○ ③ X ④ X ⑤ ○ ⑥ ○ **40쪽**   ⑦ X ⑧ ○ ⑨ X ⑩ ○ ⑪ X ⑫ X **41쪽**

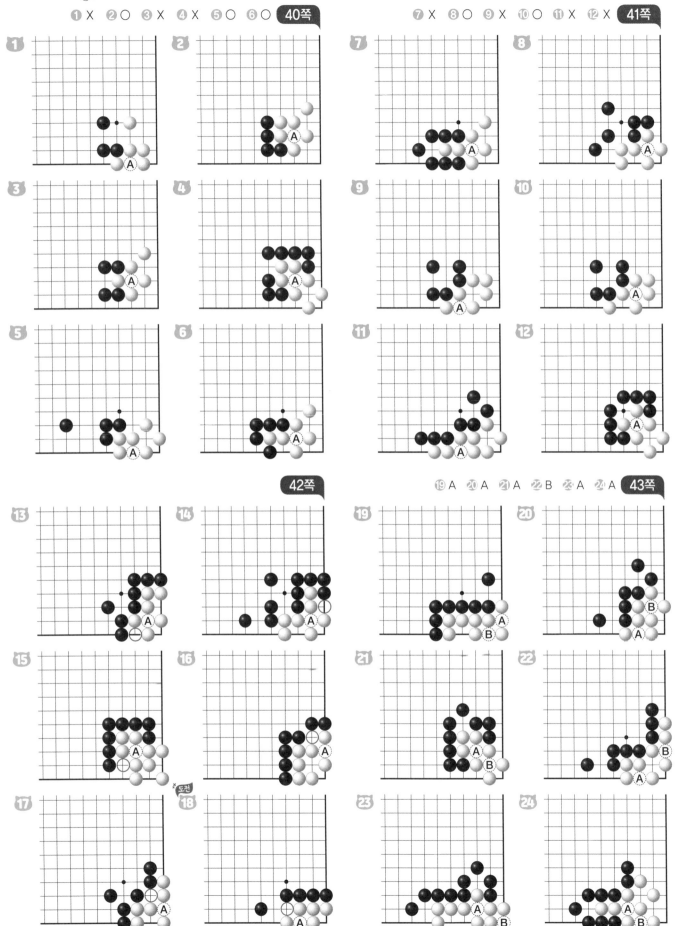

42쪽

⑲ A ⑳ A ㉑ A ㉒ B ㉓ A ㉔ A **43쪽**

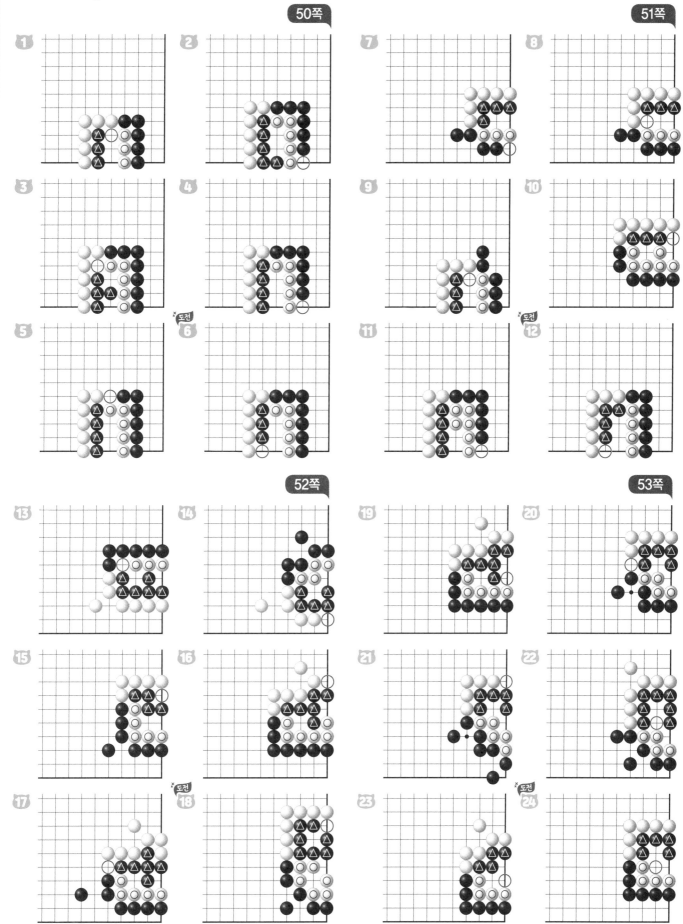

50쪽

51쪽

52쪽

53쪽

① 한 칸 뛰기 ② 입구자 ③ 날일자 **60쪽**
④ 눈목자 ⑤ 두 칸 뛰기 ⑥ 밭전자

⑦ 한 칸 뛰기 ⑧ 입구자 ⑨ 늘기/뻗기 **61쪽**
⑩ 눈목자 ⑪ 날일자 ⑫ 두 칸 뛰기

1

2

7

8

3

4

9

10

5

6

11

12

⑬ 늘기/뻗기 ⑭ 한 칸 뛰기 ⑮ 날일자 **62쪽**
⑯ 두 칸 뛰기 ⑰ 입구자 ⑱ 밭전자

⑲ B ⑳ B ㉑ A ㉒ A ㉓ B ㉔ A **63쪽**

13

14

19

20

15

16

21

22

17

18

23

도전 **24**

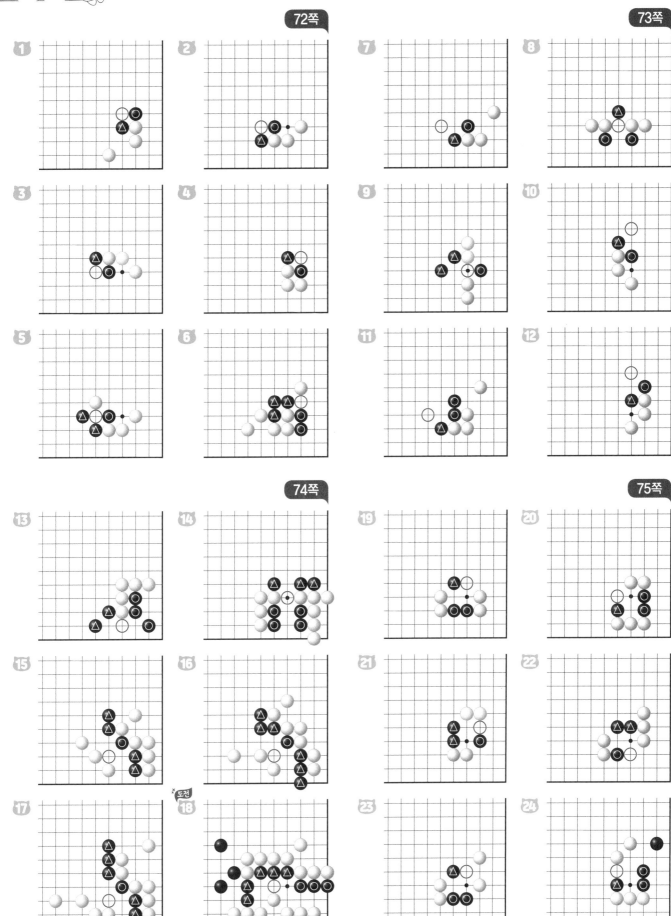

72쪽

73쪽

74쪽

75쪽

정답

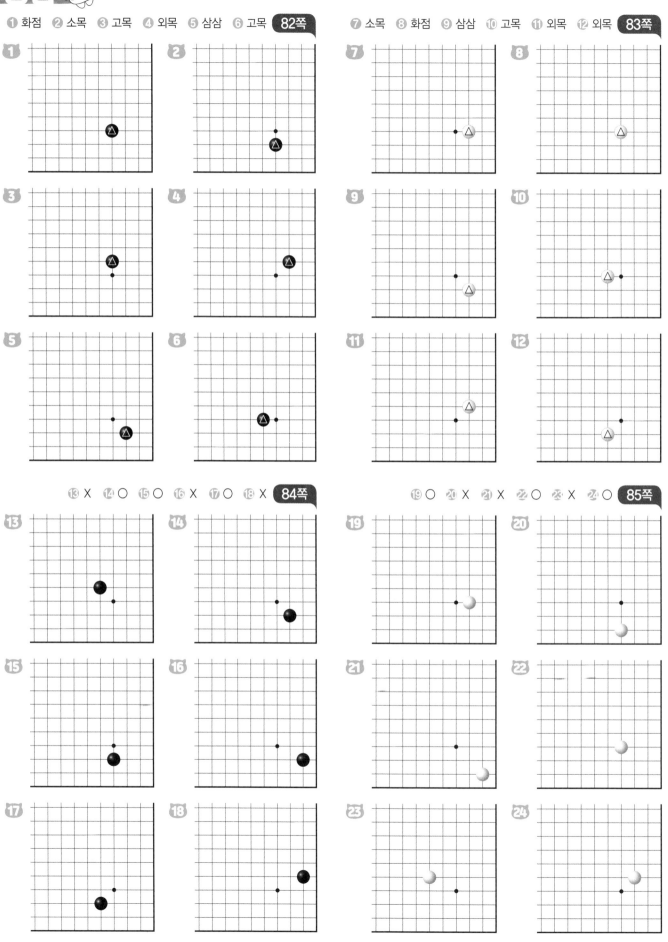

정답

❶

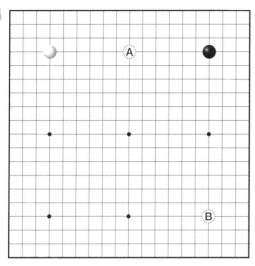

❷

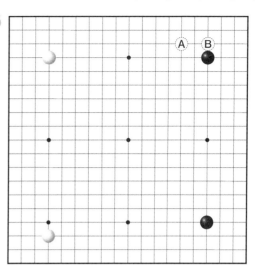

❸

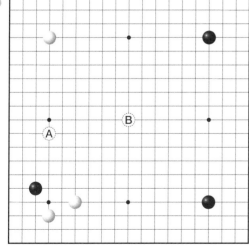

❹

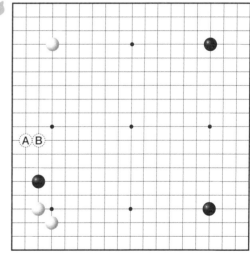

5
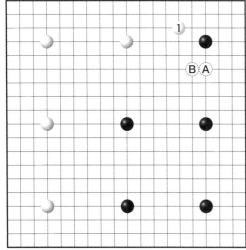

6
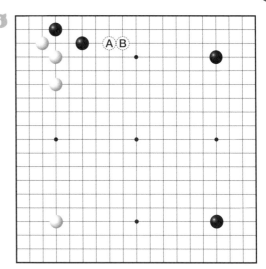

7
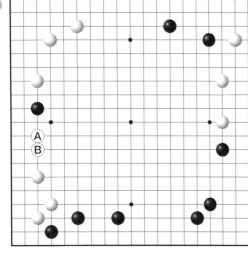

8
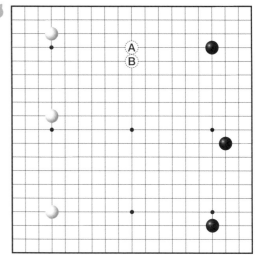

⑨

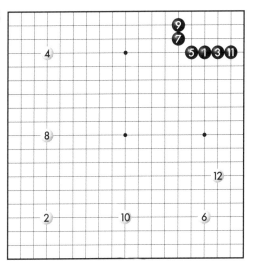

⑩

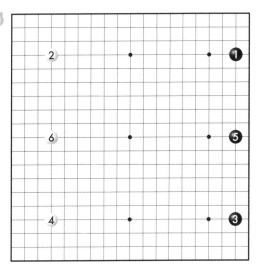

⑪

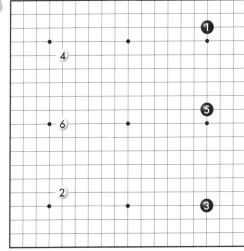

⑫

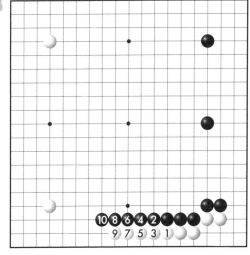

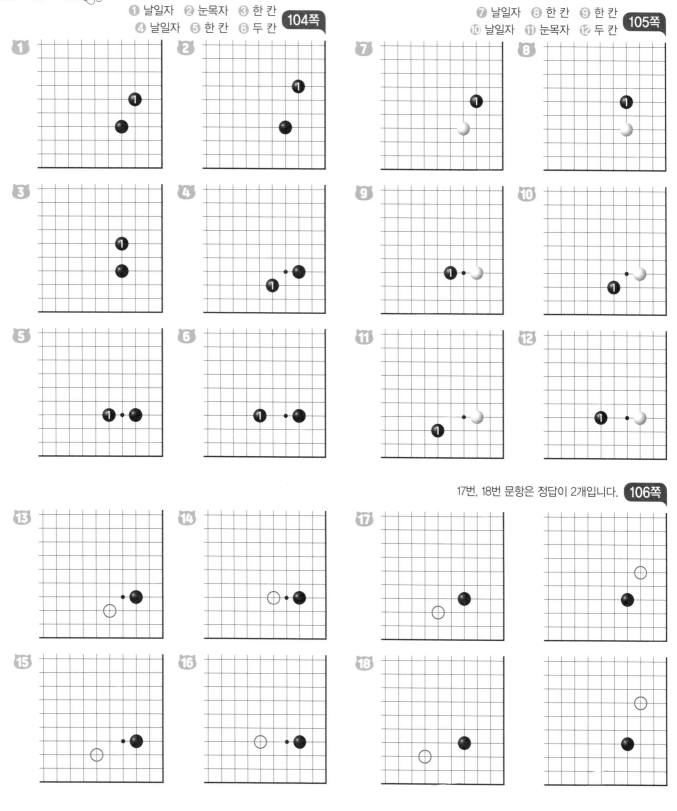

① 날일자 ② 눈목자 ③ 한 칸 **104쪽**
④ 날일자 ⑤ 한 칸 ⑥ 두 칸

⑦ 날일자 ⑧ 한 칸 ⑨ 한 칸 **105쪽**
⑩ 날일자 ⑪ 눈목자 ⑫ 두 칸

17번, 18번 문항은 정답이 2개입니다. **106쪽**

23번, 24번 문항은 정답이 2개입니다. **107쪽**

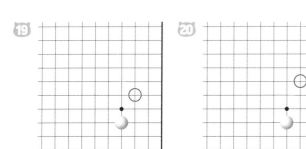

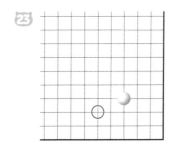

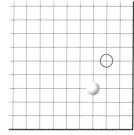

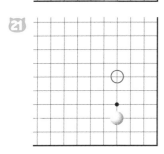

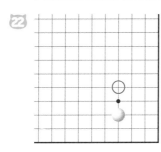

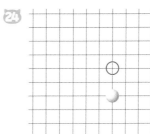

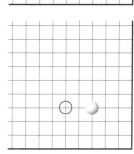

❶ A ❷ B ❸ B ❹ A ❺ B ❻ B **115쪽**

❼ B ❽ A ❾ A ❿ B ⓫ B ⓬ A **116쪽**

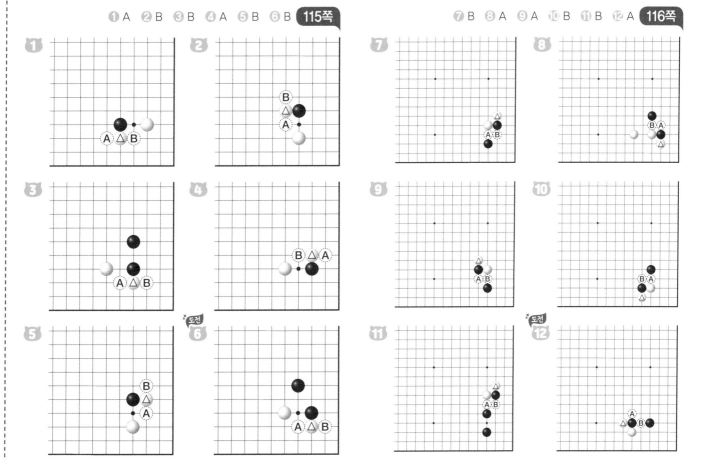

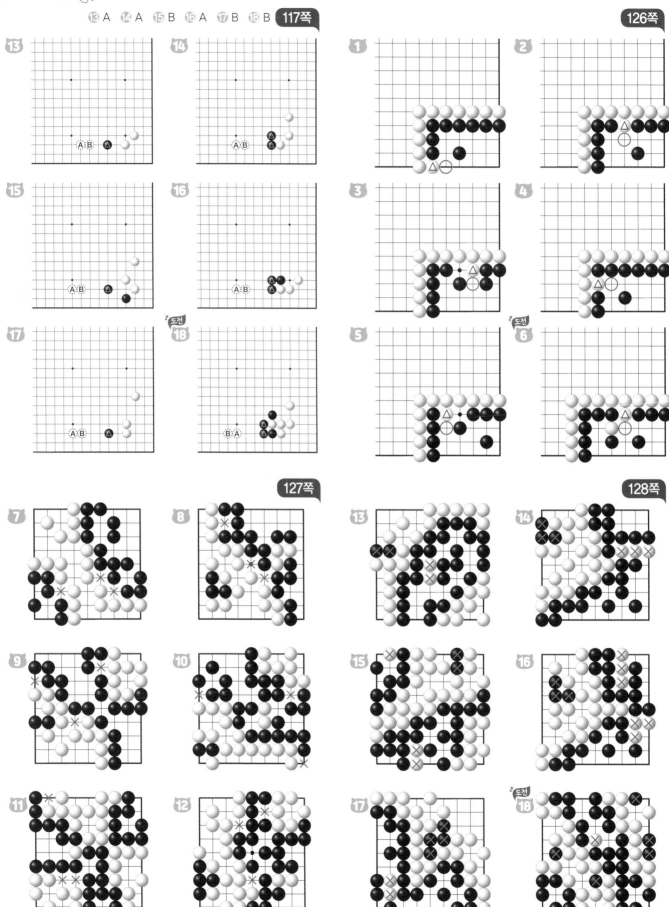

정답

⑲ 흑 10, 백 12　㉒ 흑 20, 백 20　㉑ 흑 14, 백 13

㉒ 흑 15, 백 20　㉓ 흑 16, 백 18　㉔ 흑 19, 백 18

129쪽

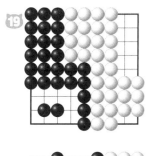

⑲

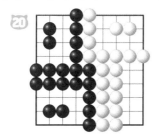

⑳

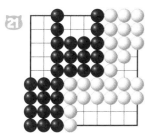

㉑

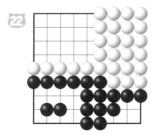

㉒

㉓

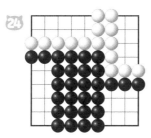

㉔